用对你的管理方式

张艳桦 著

SPM
南方出版传媒
广东经济出版社
·广州·

图书在版编目（CIP）数据

用对你的管理方式 / 张艳桦著. — 广州 ：广东经济出版社，2017.12

ISBN 978-7-5454-5856-5

Ⅰ.①用… Ⅱ.①张… Ⅲ.①管理学 Ⅳ.①C93

中国版本图书馆CIP数据核字（2017）第252787号

出 版 人：姚丹林
责任编辑：易 伦 甘雪峰
责任技编：许伟斌
装帧设计：柏拉图

用对你的管理方式

YONGDUINIDEGUANLIFANGSHI

出版发行	广东经济出版社（广州市环市东路水荫路11号11~12楼）
经销	全国新华书店
印刷	北京盛兰兄弟印刷装订有限公司（北京市大兴区黄鹅路西临89号）
开本	787毫米×1092毫米 1/16
印张	15.75
字数	190 000
版次	2017年12月第1版
印次	2017年12月第1次
书号	ISBN 978-7-5454-5856-5
定价	58.00元

如发现印装质量问题，影响阅读，请与承印厂联系调换。

广东经济出版社常年法律顾问：何剑桥律师

目录 /CONTENTS

第一章

人力资源情感管理

第二章

为什么“管理”就那么难

第三章

共赢思维的员工关系

第四章

企业人力资源管理要同频

第五章

管理者的水平

第六章

告诉我们的员工

第七章

最长情的管理告白

附录

序言

同频才能共振，不同频的管理等于零；

用心管理才能成功，不用心的管理，再好的机制也没用；

如果你的存在不能激励、激发、激活他人 、团队、组织，那么你所做的一切都毫无意义。

亲爱的企业家、职场高管、骨干精英、伙伴，你们好！

我是艳桦，今天在《用对你的管理方式》里和大家做些交流。

谈起企业内部运营管理，必谈起支撑企业一片天，支撑企业发展、实现企业目标的企业人力资源管理，这也是大家持续关注，甚至很头痛的问题。是的，管理问题我们已经屡见不鲜了，并且这么多年，大家一直都在以不同的方式学习、思考、解决。

当前市场经济在不断发生变化，面对商业模式的更新、线上互联网与线下平台的结合等，大众创新、万众创业的背景下也涌现了一批“90后”甚至“00后”的创业小伙伴们，过去他们拿着简历去企业就职，今天他们成了自由的创业者。但公司面临着平台化发展的诸多现实问题，今天我们的企业、企业家、高管们开始了“痛”：

我们将如何面对企业的经营管理及人力资源管理?

我们新的管理模式是什么?

我们与时俱进的价值观、理念是什么?

我们是否关注到了当今人力资源系统中的真正内在诉求?

我们和员工之间的关系是什么?

今天，我们该如何颠覆我们的企业管理?颠覆我们自己的价值信念?颠覆我们的思考模式?如何让自己快速“转型”，跟上社会发展变化带来的挑战?

接下来艳桦将带着自己在外企、上市公司、民营企业等工作多年沉淀下来的经验，经过深度的思考和总结，通过实操的企业、支持过的不同行业和不同发展规模的企业案例，分享给大家。

《用对你的管理方式》这本书将以最朴实、最简单、最有用的方式和价值观呈现给大家。

这本书拥有关于管理的核心价值观及多种学科的整合运用。

这是一本与众不同的书；

这是一本用心、用情的书；

这是一本最感性的企业人力资源管理的作品；

这是一本具有别样味道的企业人力资源管理书籍；

它蕴含着深情厚谊的企业人力资源管理思想；

它是对人力资源管理、哲学思想、营销学、人际关系、企业管理、国学理念的全面应用。

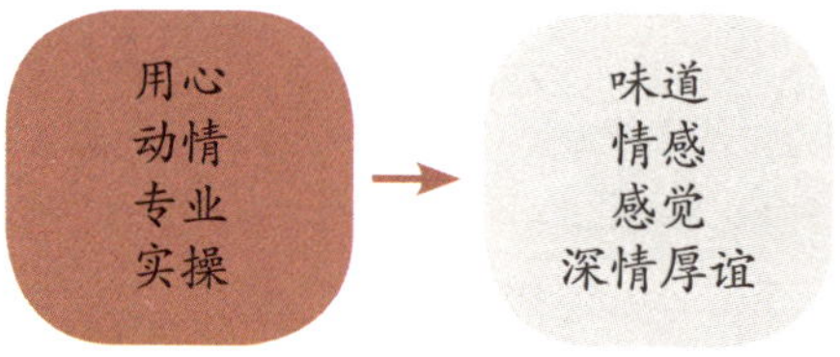

期待这本书可以：

唤醒大家对传统管理思想和价值观的新思考；

提供给大家全面的企业人力资源管理理念；

通过经验、案例、方法给大家以支持和帮助。

在这本书里，大家可以深深地体会企业人力资源管理当中的别样表达、别样味道，润物细无声的落地：

《用对你的爱》《用对你的管理方式》，你值得拥有！

访著名管理专家张艳桦女士

一、这是一本什么样的书呢？

这是一本工具书——你可以直接找到方法；

这是一本蕴涵内在高度智慧的书——理念、价值观、方法等都是基于智慧。

这是一本引发人们颠覆性思考的书；

这是一本可以唤醒大家对企业人力资源管理的感性认知和理性认知的书；

二、这本书的功能是什么？

落地帮助：有效、有用、落地，找到管理的逻辑，管理的价值观，管理的办法。

用情唤醒，引发思考：基于人们对企业人力资源管理的管理逻辑、价值观念等，引发人们的深度认知和深度思考。

深层滋养：这本书是笔者 37 年的成熟累积，蕴含了个人对人情世故的深度感知和个人的智慧。有爱的能力，才能正确地爱他人、爱团队。我坚信这本书可以带给大家管理中爱的滋养，以及系统性管理思维的滋养。

三、这本书的核心价值观主张是什么？

5大关键词

- 用心管理
- 同频管理
- 动力管理
- 平衡管理
- 用对你的方式

1. 用心管理

如果今天你的企业已经做了完整的流程、制度，以及所谓的标准化，但是依然存在问题，那一定是你不够用心，你的高管不够用心，你的员工不够用心。

2. 同频管理

夫妻要同频，领导和下属也要同频，不同频，管理费力且无功。同频才能共振。

3. 动力管理

这是管理的核心属性，一切的管理价值观、思想体系、管理方法，其结果如果无法真正激励、激发、激活一个人，那么所有的管理 都将变得苍白无力。

4. 平衡管理

对于老板：你必须做好榜样，必须有格局。这是企业基业长青的必要条件。

对于高管：你自己必须成长＋付出。

领导不成长，无法培养下属、支持下属。

领导必须对下属真诚付出，只有付出知识、经验和爱，才能真正激发团队、激活团队、带领团队。

对于员工：必须专注和自觉。

专注是一种能力，专注才能专业，专业才能成为岗位专家。自觉、自省的自我认知能力，是员工最好素质和能力的必需品，具备这个能力才能获得真正成长。

5. 用对你的方式

管理中的浮躁，不关注员工的需要和不足，不关注组织的运行，用自己想的办法解决存在的问题，而不是用实际需要的办法解决，这个问题是普遍存在的现象。

四、这本书的差异化是什么?

8大亮点

- 以解决问题本质为目标
- 以唤醒思维为宗旨
- 以“简单化”为风格
- “结合”的平衡管理
  - （道＋术）结合
  - （情感管理＋企业管理）结合
- 360度的完美呈现——高度、深度、宽度
- 全面学科的运用
- 100%纯度语言
- 真实案例

1. 以解决问题为目标

以问题形式呈现，以问题形式表达，直接解决大家关注的问题。务实、落地、有效、有用。

一针见血地描述问题、回答问题、解决问题。其理念是：回答问题的本质所在。

2. 以唤醒思维为宗旨

时代在转变、商业模式在转变、个人价值取向在转变，管理模式也需要转变。

3. 以“简单化”为风格

第一，形式简单：用图来表现、表达，一目了然。

第二，文字简单：直截了当。

第三，逻辑简单：容易理解。

4.“结合”的平衡管理

“道 + 术”的合理结合：企业的情感管理、格局管理与术（制度、流程、标准化）的管理是密不可分的，如果你的企业存在着各种问题，那么这些问题一定可以在这个平衡点上找到。从某种意义上讲，它是所有问题的制高点。

5. 360 度的完美呈现

高度：从人的格局、企业战略发展、企业运营管理等视角来谈管理的价值观和引领管理的模式方案。

深度：从人的内心诉求、从问题本质的根源来看待和解决人力资源的问题。

宽度：结合不同企业的管理业务板块，涉猎战略管理、经营管理、营销管理，人的管理等层面。

6. 多种学科的整合运用

运用哲学、国学、营销学、人际关系学、组织行为学、法学、心理学、运筹学、经济学等学科内容，来诠释企业人力资源管理精华。

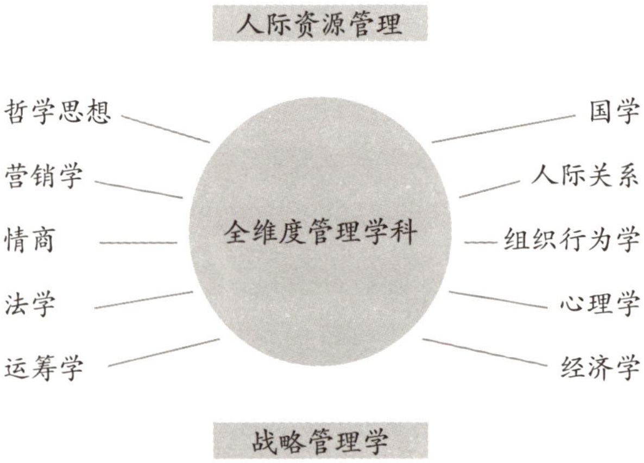

7.100% 纯度语言

100% 的个人语言和味道。

8. 真实案例

企业家的真实案例分享，能让企业管理者找到最易于落地的灵感并产生互动。

五、这本书适合哪些人来看？

同频才能共振，为了同频，老板、职场高管、小伙伴们都应该看看。

六、您写这本书的优势是什么?

1. 专业角度足够专注

专注才能专业，专业才能成为专家。这本书集中呈现了个人近 20 年的专注累积、专注体验、专注感受、专注挑战、专注思考、专注总结而产生的对于企业人力资源管理的精华方式、方法、理念以及价值观。

2. 心智成熟

是的，恭喜我自己，对当下的自己是比较满意的，满意在我内心世界成熟了。成熟是人们一生中的终极修炼。

处理事情，不是靠精明，不是靠聪明，而是靠智慧。智慧的人是成熟的，成熟才能从容、淡定，才能客观地看待事情，才能看清事物的本质。

成熟的人清楚如何运用自己的情绪，情绪可能会造成破坏。因为我们“成熟了”，所以我们可以合理地安排我们的情绪。

成熟的人是懂得如何为人处事的，不是常规的商务礼仪，也不是礼尚往来，是与人交往的深度感知。

在我“成熟”的时候，这本书出现了，所以恭喜我自己，也恭喜大家，可以拿到一本“熟了的书籍”。

3. 更加适合的价值观

共赢的价值观影响结局。共赢——优先沟通原则，优先利他原则，优先换位原则，打下更坚实的基础。

无论是何种关系的存续（劳资、客户、上下级），还是矛盾的处理，都离不开这个关键思维价值观。在企业人力资源管理的具体细节上，体现在了各个方面，例如付出与回报的结构设计等。

平衡的价值观：平衡感影响了维度——经营建设思想的平衡，管理机制的平衡，管理办法的平衡。

4. 客户案例的累积

上百家不同行业、不同规模、不同性质、不同发展阶段、不同企业文化的企业实际案例，以及给予的“定制式”解决方案，为本书提供了坚实的基础素材。

5. 与时俱进的颠覆与融合能力

当下商业模式在创新，经济体系在变化，在这样一个跨时代、跨想法、跨年龄的混合时代，这样一个体现自我价值的时代，这样一个“90 后”“00 后”后创新的时代，企业的建设，对我们提出了更高的要求：我们要成长、创新、融合。我们一旦自我固化，产生“我是对的”“我没问题”的思想，那么，我们企业的管理模式是无法创新、无法融合的……

总结起来就是我们的“学习力”在新时代建设中的重要性。

我有，我也希望团队也有。

七、您是如何实现“从职场达人到作家再到经营平台企业的总裁及导演”这样一系列角色转换的呢?

看似不同的角色，不同的领域，事实上很多是相同的——万物相同，都有关联，社会本身就是一个生态体系。

这个要从我原始的价值观说起：我一直倡导做事情要专注、认真、专业。只有做到专注、认真，才能做到专业，做到专业才能成为领域专家，成为专家才可能发散。

我经常对我的团队伙伴以及其他企业的伙伴提到一句话：很多人迷茫，很多人频繁更换岗位、更换行业、更换“主人”（老板 / 领导），意味着你在一个领域都没有深度了解、理解，如何充分运用?

基于我个人一直从事企业的人力资源管理、企业的运营管理，充分理解从人力资源管理到实现企业价值的过程和转化……实际上如果将人力资源的体系深度理解和运用了，其余方面自然水到渠成。

包括已经出版的2本书，也是基于经营，基于管理的内容，这是多年来经过总结和思考所沉淀的内容。

企业家平台的事情，是基于对当前企业发展、企业需要、企业家的需要、职业经理人的需要而做的颠覆与发展。也是基于我个人的擅长和专业领域，包括“导演”。实际上这个角色也不是传统的“导演”概念，也是基于企业的运作的导演，当然了，我们做的企业家影片也在策划中了。

在这个问题上，我说得比较多的原因是，无论是做企业还是做个人，我们都需要认真、务实、踏实、专注地做好一件事情，才可能出现后续的水到渠成。

八、您是如何评价自己的呢？网络上有这样一段评价您的话：她，管理界会经商的人，经商界擅管理的人；她，才女与女神的结合；她，气质与智慧共存；她，是真善美的融合。能给我们解读一下吗？

哈哈，自己的5+5吧……人们不是常说“德才兼备”嘛，一切都需要“平衡”！

如果你有能力，但无品，是没有办法将所做的事情持续的。

如果你有品，但无能力，就是有想法没办法。

用实力让理想落地。

1. 品优先

我的英文名字叫“coffee”像咖啡和茶一样，希望我的人品值得品，值得拥有，经得起验证。

我们常说“花见花开”，你的面部表情、面部呈现、面部体现，要渗透着真、善、美……这一点上，我觉得，为人处事、心态、价值观，都要以真、善、美为出发点。

一个通透的人：真实、真诚，简单明了，很直接的表达方式和做事方式。

一个正直的人：看待事情，处理事情，都会有一个客观的立场。

一个善良的人：引发美好的发生、美好的过程、美好的结尾，最终才能获得更多的和谐。

一个懂得共赢的人：因为在乎结局，所以在乎开始，开始就是为了共赢，人际关系中需要共赢才能持久。

一个懂得平衡的人：有硬性管理，就有软性管理。懂得平衡管理，才不会跑偏，才能让管理更加和谐。企业人力资源管理中，需要平衡的价值观和心态，这是建立企业文化的关键。个人价值观偏了，文化活动就会沦为表象。

2. 我日常注重的 5 方面能力

深度思考的能力：具有思考的方法，能够深度思考，举一反三。深度思考能力是需要用心的。为何有的人拥有管理经历 20 年，却没有留下什么？因为没有总结，没有反思，没有思考。没有思考，就没有未来。

敏感洞察的能力：对事物很敏感，对人的情感敏感，对时势敏感，对专业敏感，对时间敏感。对事物和人没有敏感度，后知后觉，就无法面对变化，更无法创新。

爱的能力：我经常讲，你可以没有任何能力，但是你不能没有爱的能力。爱的能力是人生存的能力，生命的能力。爱别人，给别人支持，才能付出、贡献。

自觉的能力：自我认知的能力，人的能力再强，没有自觉的能力，就会不谦虚。企业里，我对员工也这样讲：你需要有自我认知能力，知道自己的不足，要修改，在自觉中反思，在自觉中自律，在自觉中成长。

用心的能力：对人用心，对事情用心。对人不用心，不得人心；对事不用心，一事无成。今天的企业经营不是你有多聪明，而是你有多用心。

这算是自我总结吧，也是对自己的要求。

九、艳桦老师，您有哪些重要的课程可以和大家分享？

里面一些内容，建议大家可以挑选或定制，应该更好些：

人力资源・管理专业课程：

《轻资产时代的企业管理》

《未来十年如何“管人”“用人”》

《新型商业模式下的企业人力资源管理》

《人力资源投资学》

《企业情感经营学》

《新模式下的魅力领导力》

《“需要”的企业文化与“想要”的企业文化的区分及打造》

《为何您的企业绩效管理失败》

《你的企业培训为何不管用》

《激活、激发、激励——人力资源管理的黄金道》

《教你培养下属的落地办法》

《用对你的方式》

情感・智慧系列课程：

《用对你的爱》

《爱的能力》

《如何成为情感的赢家》

《跟管理学家谈幸福婚姻》

《别让情商输了你的人生》

综合课程：

《为何你学了礼仪多年，还说你“无礼”》

《做一个别人喜欢的人》

《“思考与总结能力”成就璀璨人生》

《个人定位决定品味》

《责任感从哪里来的》

《明星助理这样做》

十、您对于这本书还有什么想表达的吗？

最后，我想通过这本书表达我对大家由衷的感恩与感谢：

感谢中国明星企业家导师商学院和九伍华商国际私董会里的企业家们的支持，让我持续不断地有着最鲜活的灵感，让我有前行的方向和使命；

感谢华门里所有的学生及因《用对你的爱》而聚集、相遇、相知的全国粉丝们的追随，让我有责任和使命，并且义无反顾，一路向前；

感谢爱与智慧并存的王树良老师的始终陪伴，让我进一步体验成熟与智慧、善良与付出带来的所有美好；

感谢人见人爱、花见花开的谭志文先生；

感谢博爱、善良、幽默的崔云争先生的鼎力支持；

感谢助理梁双在工作上给予的悉心帮助和陪伴；

感谢在我的生命中拥有这么多爱我的人和我爱的人；

感谢你们给予我的滋养、支持、贡献、挑战，让我享受着感恩与付出、慈爱与善良带来的幸运与美好，今生遇见你们，是我最美的际遇！

希望《用对你的管理方式》这本书给您带来前所未有的感受。用对你的方式，用对你的爱……

第一章 人力资源情感管理

第二章 为什么「管理」就那么难

用对你的管理方式

在日常工作和生活中，我们经常会看到这样的情形，人们只关注自己想给别人的、希望给别人的、能给别人的，而忽略了对方需要什么、想要什么。

为何你的培训不管用？是不是因为你没有真正意义上走近员工，去发现和运用他的优势，以及他究竟需要什么培训内容做支持？

为何你的绩效不明显？是不是因为你没有真正意义上去发现问题的本质，明明是能力问题，却用态度的方式考核；明明是情绪问题，却用结果考核，从而导致开错了“药方”？

为何企业建立了很多机制、制度、规定、文件，结果还是存在执行障碍？

为何企业花了钱，发了所谓的福利，员工却没有喜悦？

为何有的领导开了一个总结会议都能导致员工离职？

为何员工辞职时，大家闹得不欢而散？

我们给的是不是员工需要的，我们是否用对了沟通方式、管理方式？

在人们内心诉求多样，彰显个性，强调自我价值体现、自我实现的时代，人们内心更加脆弱，更需要呵护，更需要用对我们的相处方式、沟通方式、服务方式。

问题：你用对管理方式了吗？

我们都需要的“温柔管理”

何为温柔？人们可能会说：温柔就是没情绪，好的态度，好的感觉。我们常常把温柔用在恋人、孩子身上。

“温柔”也可以应用于企业管理。对于企业里的“温柔管理”，我这样来解读：是令你的员工最能接受、最能心动、最能“心碎”的管理方式，而不是通过控制、强迫、命令使其产生抗拒的管理。温柔会使你带着爱去关注对方的需要、接受程度、理解程度，由此你会发现，你所有的做法或许才是最“适合 / 合适”的。

在日常工作和生活中我们强调“执行并运用制度”，但是在这个看似知识爆炸的时代，人们的内心其实没有我们想象的那样富足、坚强，人们更需要爱，更需要呵护，更需要关心，更需要细腻。你的员工无不期待你温柔地对待他、关心他，去激活他们内心深处的细胞。你自己没有想象的强大，他们也没有你想象的强大。我们有精神疲惫，他们也有，每个人都有！企业文化建设中除了企业的活动之外，我们还能给他们什么？或许温柔的关心、关怀、理解、了解，会变得更富有价值和意义！

所以，请对你的团队温柔些，对你的下属温柔些，对这个世界温柔些，对所有的人温柔些。

问题：你还在控制你的员工吗？
你的方式足够“温柔”吗？

“用心”是管理中的刚需

中国企业管理经历了这样一个发展过程：很早的时候，我们对于管理是茫然的，到后来开始更多借鉴西方的工具、概念等。总体来说，我们的管理一直聚焦于方法，但是仔细品味，不难发现，到现在为止，中国企业管理依然是粗犷型、粗线条的。

那么，究竟要如何面对和解决我们企业的诸多问题呢？如人才成长、人才培养、绩效管理、沟通等问题。最终我们发现，如果能更加“用心”去管理，去研究公司问题的本质、根源，公司的管理机制模版便会自然而然地发生变化。例如，制度是不能编造和想象的，很多公司的制度模版是类似的，它实际上并没有解决“内核”的问题。但是，管理者如果愿意花两个小时去面对一个高管或者职员，深度感受他的过去、现在、未来，这样产生的方案才是有血有肉的，累积起来，就会发现制度的形成自然也随之发生了变化。因为来源不同，用的心思不同，输出的机制效用也就不同。

一天，我在一家企业做管理支持，我问店面的导购：“你们是如何看待客户服务的？”导购说：“我们能解决客户的问题，但是接下来就不知道如何维护客户了，我们每个人都有 400 ~ 500 个客户名单，但是都没有连接。”

随着大家的讨论，我最终发现这些导购能够解决店里的问题是出于功利心。她们说："我们在工作之外就不知道如何与客户相处了。"

我意识到这不是真正的"高情商"，真正高情商的人不仅仅是在交易情况下的关系建设，这是看似"热情"的冷漠，看似"有情"的无情。对客户是"虚假"的热情，而内心全是"真冷漠"。如何真正意义上连接客户呢？我对导购说："你会用心吗？学会真心对待客户了，你的情商自然就提高了。"

我们更多思考的是管理模式、管理办法、经营模式，但最终最有效的依然是"真的用心"。"用心"管理是企业经营管理中的刚需，"用心"才会产生爱，才会产生深度连接，这样的做法也才会更富有意义。

问题：你对员工用心吗？

你对所承担的每件事足够用心吗？

你有"真正用心"的感受吗？

“需要被认可”是人的深层情感需求

企业做激励机制方案时经常提到赞美，甚至有的企业会制定这样的规则：大家要相互赞美，领导要多赞美员工，员工要多赞美客户。于是，人们就开始用最漂亮的语言去表扬对方，夸奖对方做得好。

然而，我们思考一下，人为什么需要赞美呢？因为寻求赞美是在获得认可，被他人认可本身是寻求一份存在感，寻求在对方心里的一个位置。更深层次一点来说，人们实质上是需要爱的，需要被爱才会期待在对方那里获得认可、获得存在感。

因此，当企业制定激励机制的文件、政策的时候，我们要聚焦在这个“爱”上。

如果我们依然常规化地浮于表面地研究想给予员工什么，而不是站在员工的角度深度理解员工，那么我们所谓的福利、语言将是苍白的，我们的机制也将是无力的。

需要被认可是人们的深层情感需求，员工和企业之间需要深度地去爱、去理解、去支持，才能获得良好的合作。

第二章

为什么『管理』就那么难

第三章

共赢思维的员工关系

双方对立面都在“要”

管理的科学性、专业性，一直是人们学习和研究的课题，对于“管理”而言，我们首先需要清楚它是一个双方互为对立面的事情。如下图所示：

员工要

老板／领导要

我要你多贡献价值
我要你忠诚
我要你认可
我要你尊重
我要你加班
我要你主动

人们的角度和立场不同，所期待的东西也就不同。从这个角度来说，要想使管理达到平衡，是不容易的。例如，每次年度会议或者战略会议上，老板、领导都会热血沸腾地给员工分享企业的一年规划、三年目标、五年战略，期待将这种高瞻远瞩的目标传递给员工，然而这并不能激发出员工同样的热情。

通过上图，我们可以看到，企业的管理是否可以“为他”着想？

在不放弃、不忘记企业目标的同时，挖掘员工的需要，帮助员工梳理自己的小目标，并通过企业实现，这或许才是更多企业管理层需要深度思考的。

现代社会创业机会增多，尤其是“90后”更加期待实现自我价值，那么在新型商业模式下，企业需要重新梳理管理思维模式，要通过关注团队个人的价值和目标，进而在平台环境下实现企业的目标。

问题：我们的激励机制是否是通过自己想象而编撰的?

我们的企业文化是否是通过自己想象而打造的?

我们是否真的了解员工的个人目标?

不同频、互不懂，管理费力也无功

进行企业管理，需要强调一个原则：一定要“上下”全员都在，目的就是为了“同频”。

现在的很多企业都存在这样一个现象，企业老板、高管一直在接触外面的高端资源，在学习、接触最新的信息，他们认为自己拿

领导知道	员工是否知道
管理层需要一个有能力的人，对“能力”的标准有界定。	员工是否清楚领导的要求标准是什么？
管理层审批员工的转正报告。	员工是否清楚领导的审批标准是什么？日常是否按照领导的期待去执行了，最后就成了真的“考核”。
管理层对员工的表现和工作进行考核。	员工是否非常清楚领导的细节诉求和标准是什么？
管理层要不断学习新概念、新理念。	员工是否清楚领导的新概念、新理念？

到了最新、最好的方法和灵丹妙药，然而回到企业管理员工、要求员工时，却发现这些方法和灵丹妙药还是不管用，因为员工根本不懂。这其中的关键问题或障碍其实就是管理层和员工不同频。

由上图可知，管理层与员工之间要想达到同频共振，需要双方的积极互动。

管理层需要告诉员工：“我为何这样要求你！”

员工需要告诉领导：“我为什么这样想！”

总之，为了实现目标，管理层与员工之间要清楚地知晓对方的角度、思想、境界、价值观。

问题：你是管理员工，还是与员工共处?

不能认识自己，便无法认识别人

不能认识自己，便无法认识员工；

不能认识自己，便无法认识团队；

不能认识自己，便无法认识企业。

经过多年对管理学的研究和琢磨，我发现管理也许没有我们想象的那么难，其实管理更多的是在研究别人、探索别人。

当有人问我如何识别人时，我会告诉他：“你能识别自己，就能识别他人了；你能懂自己及自己的想法，就能懂别人了；你能接受和承认自己的不足，你也便理解了别人的不足，也能接受别人，自然就知道了如何与别人的不足进行互动。”

我一般热衷于梳理员工个人的目标、规划，在这个过程中，根据员工个人的梦想，来追溯他的“能力”。在追溯员工能力的过程中，你可以看到他的劣势（不足），并着重探索如何改进这个劣势（不足），从而使员工得到提高。

人们一旦发自内心地认识到自己的不足，才会有所改进。人们充分认识并改进自己的不足，才会走向成熟、从容、淡定。在这个过程中，人们能够调整自己，“静能生慧”，也便能识别他人了。

管理中，最重要的就是认识自己，并识别他人，才能找到“药方”。

关系共处，需要做靠谱的“自己”

在与领导、下属、同事、客户、家庭成员等的关系共处中，只有靠谱，才能落地。靠谱适用于任何角色的人。

通常而言，靠谱的人具有以下几个方面的特征。

一、专注

专注本身就是一种品质，一种能力，一种态度。人如果浮躁、不能专注一件事情，就无法做到专业，也就不能成为该领域的专家。

我们因为员工的专注，觉得员工认真、严谨、踏实；我们因为领导的专注，觉得可以看到希望，有安全感。

不久前，一个企业家咨询我关于团队建设问题，我听他讲了半个小时。

我问：您目前都做了哪些领域？

他说：我做了金融、医疗、线上教育。

我问：您最擅长的领域是哪个？

他说：我最擅长的应该是金融板块。

我问：对于金融板块，您擅长到什么程度，做到什么程度？

他说：我知道金融保险的一些信息，目前做初级的保险代理。

我问：那么，其他板块呢？

他说：我没钱了，医疗板块经营不下去了。因为团队的人难找，线上教育目前也处于停滞状态。

上面案例中的企业家，既不够专注，又无专长，所以他没能给人以希望。

二、自律

自律是经营自己、经营团队、经营项目、经营企业最需要的要素之一。

《大学》有云："物格而后知至，知至而后意诚，意诚而后心正。"唐张九龄《贬韩朝宗洪州刺史制》中言："不能自律，何以正人？"这都是自律的表达。

自律是趋于收敛的气质。它不是按照现在的样子把你塑造得更加牢固，而是要瓦解你的样子，重新塑造。在重塑的过程中，你可以有选择地保留优点，摒弃缺点。表面上看，自律似乎限制天才的发挥，实际上，自律为天才的持久发挥扫除更多障碍。

自律是约束自己的聪明。聪明好比马鞭，而自律是缰绳。聪明会驱使你向前，自律则让你能够掌控。骑马不一定需要马鞭，但一定需要缰绳。

加强自律可以从以下几个方面着手：

首先，变被动为主动。人的本性是喜欢自由散漫，享受舒适奢华，不愿意接受管束、不愿意过艰苦生活。其实，人在社会中不论其是否愿意，都会受到各种约束，诸如法律、道德、礼节，等等。当一个人因自由散漫总是被动地被他人管束时，必然很难受，而最好的适应办法就是要变被动为主动。

其次，培养好习惯。好习惯和坏习惯一样可怕！好习惯可以让一个平凡得不能再平凡的人通过时间的验证成为一个巨人，不断实现自己一个又一个的理想。坏习惯会让一个人凡事不断地拖拉，为自己辩护、找借口，而且还看似很有些道理，最终走向另外一个极端。自己才是最可怕的敌人，只要能不断地超越自我，就会得到想要的一切！

再次，不找借口。正是因为习惯的可怕性，刚开始自律时必定会感到痛苦、难过，也会在这个过程中再次为自己辩护，再次找借口，甚至半途而废。只有充分了解自己，掌握一定的方法和技巧，才会让你事半功倍。

最后，把控自我。错误的执着会导致自己与自己、他人、社会，产生无数的不能满足、不能解决的烦恼和冲突。只有把自己的欲望感受控制在一定的需要范围内，才可以形成和谐友爱的生活氛围、空间，也才能更好地发展建设自己。

总之，自律可以让一个人站在更高的地方，接受更猛烈的风暴袭击，谨慎而有规律的生活，面对利、衰、毁、誉、称、讥、苦、乐，能够立定脚跟，不至于意乱神迷、得意忘形。

员工自律会主动工作、主动成长；

领导自律会约束行为、承担与做榜样。

企业经营，全员自律会是一股力量。

三、承担

勇于承担责任是一种精神和品质，学会承担责任是人生成长过程中必经的重要步骤。

现在企业中很多人遇到责任不去承担，甚至推脱责任，这首先会成为别人不再愿意与其合作的原因，使个人利益遭受损失。

工作生活中，责任处处存在。面对责任，我们应该以积极的态度，主动承担责任。学会自觉承担责任，做责任的主人，信守承诺，勇担过错及造成的后果，学会反思自己的言行，更好地履行责任，才能在承担责任中不断地成长。

四、说到做到

世界上最可贵的品质之一是说到做到。也就是说做任何事情都应该言必信，行必果，而不能为了达到某种目的采用欺骗的手段。

试想，如果我们一旦按照自己说的去尝试、去挑战、去坚守、去努力、去实现，将是怎样的结果?

我们说要考大学，就会日夜艰苦学习；

我们说要做一个有诚信的人，就会坚决履行诺言；

我们说自己有能力，公司以 5000 元做劳动交换，我们是否付出了相应的劳动?

“说到做到”这条路上，有坚信、有坚守，才会为自己赢得信任。我们在企业工作，“说到做到”应该是我们实现最终梦想必不可少的精神。

管理中被“专业”困扰了

“专业”影响了我们的深度思考。

这个话题可能大家听起来莫名其妙，甚至有人会觉得抽象。因为“专业化”一直以来是我们非常强调的词，我们在管理中向西方学习，因此在我们的管理中有很多名词，比如说人力资源里面的平衡计分卡、360、KPI等，越来越多的时髦词汇来到了我们身边。你会发现，当你去面试的时候，如果一家公司要求你填的表格越多，你就会觉得它越专业。如果对方问到你的词，你表示没有听到过，人家会认为你不专业。

“专业”到底是一个什么概念？我们说的专业，事实上来讲并不是我们工作当中的一些工具，比如说一些表单、表格、测试工具等。这些指引性的工具内容只是让我们来诠释我们的专业，以及是不是能够根本地、深度地解决我们的问题。所以这就成了一个标准，但凡是我们所用的工具，我们需要思考它是不是能够让人力资源真正发挥最大的价值，它能不能去帮助人才的成长，甚至于说能不能真正解决企业的凝聚力差的问题。

我想这些问题都可以用我们的专业来回答，如果说今天你的专业并不能解决这些问题，而是嫁接在了所谓的表格、表单、流程中，用了一些新鲜的词，那我们说，这是哪一种专业呢？所以今天回过头来说，对于我们职场上的人，无论是民营企业、国企，还是外企，你能够解决企业的问题，你能够让人才发挥最大的价值，你能够激活员工的细胞，激发员工的斗志，激励员工的情感，我们就说你是专业的，而且你的专业能够真正地解决企业家或老板的问题，能够帮助企业成长和发展。我想我们应该是建立在这样的所谓专业的目标上。

如果说我们只是为了专业而专业，我想这就失去了解决问题的根本目的，这也是提醒我们正在职场这条路上的所有朋友们，正因为我们把焦点放在这些表单、名词上，使它们影响了我们对事物、对问题的深度思考。

我们中国人是最懂人情世故的，我们究竟如何去解决人力资源的问题，解决情感问题？我们是不是能够深度地去剖析我们团队之间的这样一种情感关系呢？我们的矛盾在哪里？我们为什么不支持那个部门、那个人？或者说我们在企业里面如何操作，在岗位上如何操作才能够更好？这也就意味着，我们到底是在乎形式，还是在乎内容？

我想，我们单单地去强调形式，而忽略了深度的内容思考，我们那个所谓的专业就被架空了，就成了摆设、花架子，所以今天我提醒所有的朋友们，我们在岗位上是不是要重新去定义我们对于所谓专业的理解？我想说能够解决我们企业的问题、团队问题，你就是最棒的、最好的，带着这样一个目标去研究你的专业吧！

关系经营的关键思维：共赢

我经常听到这样的话：看待事情需要有“平衡”的价值观，处理事情需要有“共赢”的理念，所有事情都需要平衡。

生活就像赌博一样，输掉的一方，内心总会想着再次赢回来。

现象	内心世界	做法
A员工月薪8000元，但是做了价值6000元的工作。	老板觉得自己不平衡了。	老板为了达到平衡，于是开始让员工加班，开始监督、考核员工，甚至想降低员工的工资，如果上述办法达不到效果，久而久之，就会想换人。
A员工月薪8000元，但是做了价值12000元的工作。	员工觉得自己不平衡了。	员工为了达到平衡，于是开始有情绪，做事情没激情、懒惰，减少工作量，内心想要加工资，如果达不到内心的平衡，久而久之，就会想辞职。

如果你占的便宜多了，对方就会一直惦记着再次从你这里要回去。因此，我们在日常生活和工作中看待事情要有共赢的理念。你赢，我赢，我们共赢。

例如，员工因为和老板产生矛盾选择辞职，最后因为工资、福利闹得不可开交，甚至去仲裁。面对这样的事情，我经常对伙伴们讲：这其实是双输，员工表面上拿到了些补偿，但是丢了未来与当下企业互动的机会，工作关系做到了终止，同时也对自己在未来企业的好评上埋下了隐患。同样，对于企业而言，员工离职之后的口碑建设非常重要，一个好的口碑，是企业长青发展必不可缺的内容。所以，离职关系的处理代表了员工与企业的格局和水平。

共赢才能持久。在考验我们个人是否成熟这件事情上，除了用情绪作为标准外，就是平衡、共赢的处事态度。

机制比制度更可靠

某企业有一个 200 人一起办公的开放式办公室，但由于管理不到位，办公室经常发生灯、空调彻夜未关的现象。最近，公司高层也知道了此事，指示行政部必须强化管理，尽快解决问题。

为此，行政部想了许多办法。他们起初想到贴一张“人走灯灭”的温馨提示，效果不佳；后来，行政部发出了言辞恳切的通知，要求大家务必注意，但效果也不好；再后来，行政部干脆出台相关处罚措施，抓到“犯人”罚款 100 元等。

看得出来，因为每次采取措施之后效果总是不尽如人意，管理者往往会在制度建设上不断加大力度。结果是：制度加码，管理复杂，效果不好，员工抵触。

针对同一个问题，有一家公司的员工想出了一个办法：他们在办公室大门的门楣上方悬挂了一幅卡通画，只要门一锁，卡通画就会掉下来，上面写着——“你关灯了吗？”该公司的这个联动方法，属于机制的范畴，是纠错机制的一种。

类似问题经常在酒店发生。客人离开客房后，电视和电灯都开着，酒店想出一个两全其美的办法：房间钥匙（IC 卡）既可以开门，还可以插卡取电。客人离开的时候取走钥匙，电源立即被切断。酒店的这个联动方法，也属于机制的范畴，是防呆机制的一种（傻瓜都能做对）。它源于智慧，优于制度，管理简单，效果良好。

从上述案例中，我们懂得了一个浅显而伟大的道理，制度固然重要，但机制比制度更重要、更可靠，它会对管理对象产生远大于制度的约束力。

有一家企业，为了防止员工在装配机器过程中漏装螺丝（最容易犯的错误），人们提出了这样几种机制。

第一种：在复数个螺丝盒上安装感应器和蜂鸣器，只要作业者未按规定顺序从螺丝盒中拿取螺丝，蜂鸣器就会报警。

第二种：设计了一只有复数个手指的机械手，自动吸起规定数目的螺丝，操作者只要把机械手上的螺丝装完就行。

第三种：事先把每台机器所用螺丝分别配送在不同工位上，各个工位作业者只要把配好的螺丝装完即可。

虽然上述三种机制的约束力不同，但是都能在不同程度上减少员工犯错的概率。试想，如果有人试图以诸如"每漏装一颗螺丝罚款 100 元"这样的制度来解决问题，结果将是十分可笑的。

在一家生产复印机的工厂里，复印机侧面需要安装一个散热排风扇，这个风扇一旦装反了，就会因机器过热而导致损坏。但由于是流水线作业，作业者长时间重复劳动，一不留神就可能出错。后来主管要求作业者增加检查环节，即装完后用手试一下风向。

即便如此，也还有装反的可能。为了解决这个难题，最彻底的办法是，修改排风扇结构，使得排风扇反向无法安装，但需要投入一笔不小的资金。后来，作业者开动脑筋想出一个办法，解决了问题，即在排风扇旁边装一个风筒，风筒的另一端装上一纸质小风车，如果装配正确，排风扇就会正常排风，风车就会不停旋转。如果发现风车不转，就要及时进行检查，查看是排风扇装反了，还是风车坏了。

总结以上事例，我们发现，借助于制度的管理通常都是事后实现的，这样的管理不仅效果不佳，而且失败成本和管理成本高。而善用机制的管理通常都是事前实现的，防患于未然，不仅管理效果好，而且管理简单、高效和人性化。

“做老板”都在学习的路上

接受别人的不足，欣赏别人的拥有。

我们经常会评价别人，挑剔别人，对别人提出高要求。

我经常在明星企业家商学院提及这样一句话：世界在发展，中国在发展，企业在发展，企业家也在发展。在发展建设这条路上，我们不是天生就会、就懂得的，我们都是在学习探索的路上成长。没有天生的老板和领导者，大家都是边学习、边成长的。企业从一个办公桌到一个办公大楼，从单一产品到集团化发展，无不是在探索和尝试的路上。

我们很多伙伴因为老板的不足而选择放弃，跳槽。就像我在《用对你的爱》一书中说：男人不是生来就会做老公，女人不是生来就会做老婆一样，都是在学习的路上。

陪伴是最长情的告白，企业需要我们的陪伴才能发展，老板也需要伙伴们的理解和陪伴。在企业发展、团队建设上，彼此理解、包容、支持，才能取得成效，任何的放弃解决不了发展的问题。

第三章

共赢思维的员工关系

第四章

企业人力资源管理要同频

如何看待“转正”这件事儿

一是程序的问题：员工转正就像“恋爱结婚”，需要双方认可，需要有仪式。因此，建议每家公司重视转正的仪式感。

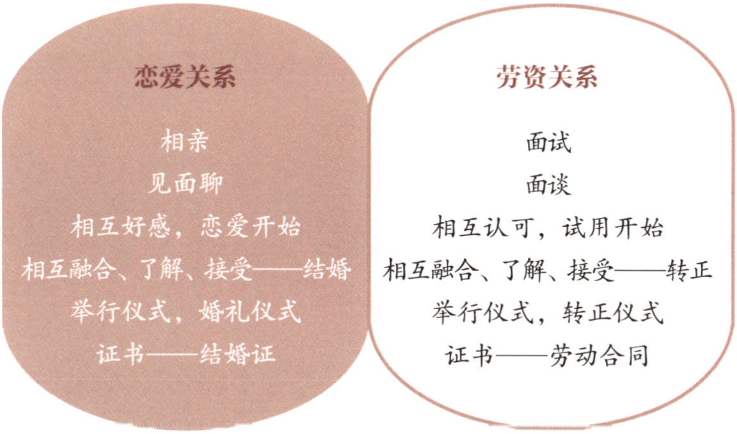

二是标准问题：

员工需要知道：我如何能转正？我做到什么可以转正？

老板、领导需要知道：评判员工转正的标准是什么？

工作表现：态度第一，没有好的态度，有再强的能力也无用。

接受企业文化：不能接受公司的企业文化、老板文化、团队文化，离开是迟早的事。

符合岗位能力要求：具有好的态度和接受企业文化之后，自然就考虑能力，没有能力就无法胜任岗位。

工作质量：试用期的工作质量的评价标准是不全面的，因此此项指标排在后面。

个人培养潜质：基于以上的要素之后，企业才会考虑此项条件。

入职（情感关系）磨合期需要双方的能力

每家企业的试用期从一个月、两个月、三个月一直到六个月的时间不等。什么样的岗位试用期是一个月的时间呢？比如，前台、文秘、司机等基础岗位的试用期都是一个月，另外还有一些技术岗位，如企划部的设计师等，在这一个月时间里，只要员工能够基本上（70%）符合这个岗位的任职要求，并且表现良好，就可以到这个岗位上工作。

试用期三个月的岗位，涉及一些情商要求比较高的岗位，因为一个月的时间是没有办法去识别和鉴别员工能力的。比如，销售人员一般都是三个月的试用期，他们需要的沟通能力、情商力是有挑战、有难度的，并且需要一定的时间才能表现出来，所以这些岗位的试用期是三个月。再比如，主管级的员工的试用期也是三个月，因为这些人需要去管理别人，除了做他们专业的事情，还要去处理问题，所以主管、经理、总监的试用期都是三个月，通过三个月的时间去磨合了解，加深彼此的认知。

试用期六个月的岗位是高管中的高管，例如总监以上，甚至是副总，或者是 CEO。他们签订的合同都是三年以上，因为不容易识别其能力，所以他们的转正时间会长一点。

那么在试用期的时候哪些要素是优先考虑的？有的人说是员工适应公司的企业文化，有的人说是员工的工作表现，有的人说是员工的工作能力，还有的人说是员工做出来的成绩，或者是员工的可塑性、可培养的潜质。事实上，对于企业和领导而言，员工有没有培养的潜质不是转正的第一标准，培养潜质是员工转正以后可以再谈的问题，如果员工没有前边的表现，只有潜质也是不管用的。就工作的质量而言，其实前三个月也谈不上工作质量，因为员工还没有做太多的事情。所以，前三个月老板和领导看到员工最多的地方就是工作表现、工作态度。

通过员工前三个月的表现，可以看出其能不能适应这家公司、能不能接受这家公司、愿不愿意和这家公司同甘共苦，所以说试用期内员工的工作表现是决定其可以接下来继续工作的第一要素。这个表现其实代表了员工的主观意志以及其是否足够成熟，员工越成熟，就越能够接纳更多的东西。第二要素是员工能不能与这家企业文化相匹配，员工能力再强，如果其价值观不与跟企业文化相匹配，那么他未来是不可能持续长久的工作的，所以企业文化占到第二点。第三个层面是员工的工作能力是否可以在岗位上得到运用，在这个公司里边是不是可以得到提升或者发挥。所以，其实员工在转正的时候，老板和领导关注要素的顺序是工作表现、对企业文化的认同度及接受能力，也就是员工在职场或者人际关系当中的适应能力、融合能力及接受能力。

思考：我们究竟给了试用期员工什么样的支持？

如何提高新员工的“存活率”

很多企业家说：我要建立快乐的企业文化，但是从与新员工相处的第一天开始，就已经走进“辛苦”之路了。

一家公司的生产部门经理，年龄 40 多岁，之前在行业内一家大公司工作，后来跳槽到当下的公司。我问：“您入职一年以来，是如何‘活过来’的呢？”

这位生产经理说：“我当然是先把手下的团队弄好，其次就是执行老板的想法。之前所在公司的流程比较规范严谨，现在完全要按照老板的想法和做法工作。实际上，这需要我自己转变工作方法，我自己的适应能力比较强。”

B 公司录用了一名 HR 总监（月薪 3 万元），这位新到任的总监很有工作热情，随着工作内容的逐步深入，他开始制定公司的一些文件。但是，公司老板“习惯”了信赖和依赖老员工，每一次都要求这位总监将文件转到秘书和财务总监那里进行审核。这位 HR 总监逐渐产生了情绪，说：“公司既然花费那么多钱录用我，为何不信任我，而是将文件优先给到秘书岗位过滤，如果秘书都能修改，岂不是不需要录用我了吗？”

是的，有的新员工能够存活下来，也许是他们的适应能力足够强，也许是他们足够专业，也许是他们足够强大，但也需要他们的情商

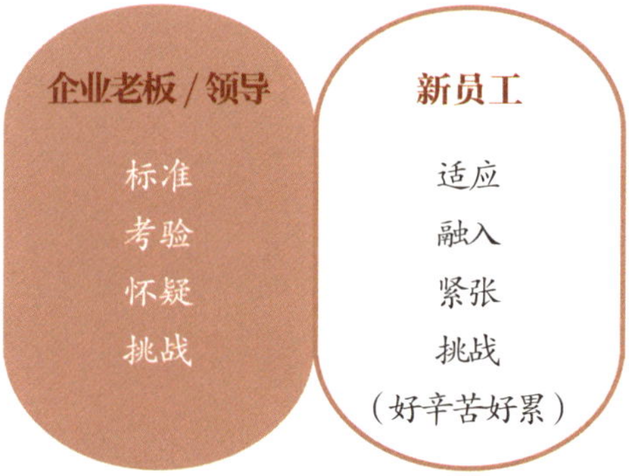

足够高。但是，作为企业，付出了成本，就要正确看待和以更好的方式提高新员工成活率。

第一，清楚地告诉新员工的职责、要求，这一点必不可少。（岗位说明书）

第二，清楚地告诉员工企业文化、领导文化是什么，什么可以做，什么不可以做，直截了当地表达。

第三，邀请老员工共同帮助、支持新员工，这一点在很多公司做得并不好。很多公司的老员工会对新员工表现冷漠，有“欺生”的现象，导致新员工到了公司就必须寻找自己的“小棉袄”，自然出现了“分派系”。

第四，接受——带着接受的心态而不是考核的心态。很多老板和领导录用了一个新员工，认为自己支付了工资，员工就应该接受自己的考验、考核。挑战新员工的耐力、能力，无形中就是带着怀疑开始使用新员工。这个过程充满着不信任，新员工就会充满紧张。

在互动合作关系的世界里，仅就“关系”而言，是用来挑战和考验的，还是用来“拥有、信任、帮助和爱的”？这是需要企业思考的，或许这也正是新员工“存活率”不高的原因。

很多企业家说：我要建立快乐的企业文化，但是从与新员工相处的第一天开始，就已经走进“辛苦”氛围里了。

员工不感恩怎么办

老板最喜欢员工有感恩心理。

感恩不是要来的，
感恩不是要求来的；
感恩是自发而来的，
感恩是付出得来的；

有一种付出叫作“求回报”，一边在付出、在贡献，一边在喊着：“请你感恩我！”

这种模式叫作一边建设，一边破坏，做了减法，结果等于零。

建设　　破坏

付出贡献 − 要求回报 = 0

另一种不智慧是别人正打算回报你，却被你的絮叨、批评影响了心情。

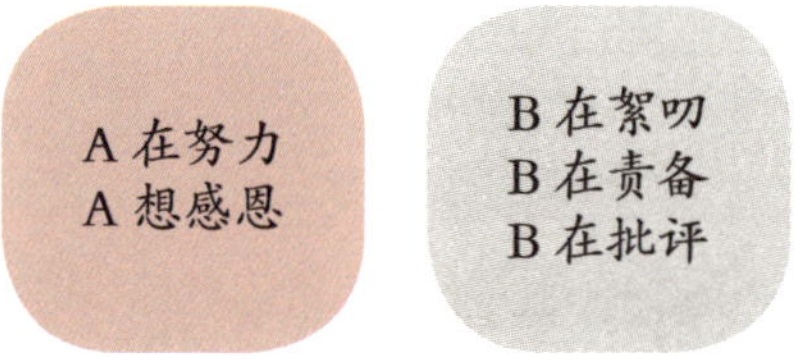

有一种贡献和付出自然会得到回报。

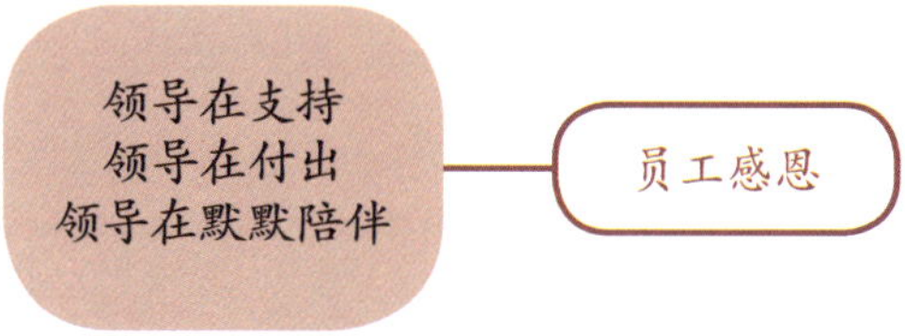

以上几种类型，在表达着不同的贡献和索取的关系。我们希望获得回报，但必须给对方一个足够的理由。

加班这件事儿一直都是一个矛盾体

加班这件事儿其实在很多企业里都是企业与员工之间存在的一个矛盾，尤其是劳动法约定加班要有三倍工资之后，大量员工开始和企业有一个互动要求：作为员工，认为干了工作企业就要给钱；作为企业，认为员工没有干完活，就应该在岗位上继续干完，所以就不应该有加班费。有很多的企业还有第二个想法，就是能够少给一些就少给一些，所以很多企业就会有这样一个规定，即文件上经过领导同意的加班或者说公司主动安排的加班才有加班费，如果是员工自行的、没有领导签字的加班，就不存在加班费。所以，企业和员工各有各的角度，各有各的想法。

一般而言，很多企业尤其是初创型企业都会跟员工这样讲：我们的公司刚刚建立，企业规模不大，所以我们应该一起努力，不应该要加班费。但是，越是这样的情况下，很多员工反而在要。还有一种现象是：很多企业没有说什么，员工在工作当中很正常地去工作，去打拼。所以，有时候你越去强调这种文化，反而越会出现一种相反的团队文化。

> 我从 2000 年开始工作，经常会加班到晚上八九点，但从没有要过加班费，也从来没有把注意力放在这个上面，而且在加班的时候事实上是没有任何领导、任何人知道我加班

了的。记得 2005~2006 年，有一段时间经常晚上加班到 11 点以后。

在 2010 年的时候，因为我们的董事长在国外，所以我们的时间是有时差的，我记忆很深刻的是有一天深夜两点钟，我突然接到一个电话，董事长让我把工资表和奖金表发给他一份，结果我就三更半夜起来把工资表和奖金表发给他，然后等待他的修改或调整反馈。后来董事长打电话来问我是不是已经睡了？我说没有，其实我已经困得不行了，但我从来没有对这样的事情有反感。

我也听有的员工说，“我最讨厌我们的领导白天一天什么事都没有，偏偏在快下班的时候开始找我。”还看到有的人在加班之后，立刻就会写一个调休单，这个调休单就是晚上加班 3 个小时，第二天就可以迟到或调休。

后来我开始思考，自己为什么加班之后从来不要加班费？我为什么一如既往地主动，而且加班之后从来没有抱怨、索取，也不需要别人去认可、知道？这到底是为什么？思考之后，我终于找到了原因：这么多年以来，我一直没把工作当成工作，我是把工作当成了一种学习。

当我们跟员工谈加班费的时候，你是怎样跟员工去谈的？你是不是告诉他“我们在创业，你不能要加班费”？事实上创业是企业的事情，与员工是无关的，企业的事情转化为员工的事情是不可能的。但是，我们很多企业的管理者认为这样去谈，就可以把员工的价值观引导过来。我可以非常明确地告诉你：不是的。因为员工永远都有他的生活方式、想法，除非管理者把这件事真正地跟他关联起来，将企业融入他的人生梦想、价值观，才能从根本上解决问题。需要强调的是，老板越计较，员工就越和老板计较；员工越计较，老板就越和员工计较。

加班矛盾的另一个来源是：如何将加班转化为员工自己的事情。员工工作是为了养家糊口，有更多的收入，下了班要有自己的生活方式，但是如果员工想未来收入更多，想从普通员工做到管理层，从管理层做到专家，甚至有一天成为企业家，今天就必须做一些基本的事情——在工作岗位上付出。

因为通过付出，你才能够去深度思考和总结，形成自己的经验。你一旦有了自己的思考逻辑和经验之后，未来才会硕果累累，所以如果你只是把工作加班当成加班费兑换劳动成果，就没有意义了，你就会一直都在加班。

加班需要解决的是情绪而不是制度

很多公司针对加班问题，常规的办法是：编制加班审批流程，公司安排的加班有加班费，员工自己主动加班的、因自己原因没有完成工作的，就不能给加班费。这样严格的审批流程，会导致员工对加班“较真儿”，并反感加班，索要加班费。

之所以会出现这样的情况，核心问题是很多企业都在聚焦“钱”的问题，解决如何才算是加班的界定问题。公司需要加班，但是员工不想加班；公司希望加班不给钱，而员工希望加班能给钱。

现在的人需要自由空间、自由时间，不想被约束、束缚，不想占用属于自己的空间，换句话说，就是他们的独立自我更不愿意被动，他们追寻着自己的生活方式。更多的时间，他们期待休息，或者以自

加班的路上，各有关注

己喜欢的方式学习。

如果企业期待员工主动加班，那么关注并化解员工的情绪是让员工做事情的基本前提。设置加班审批是在控制，而不是释放善意和激情。

上图是一家公司企划部门经理在经历公司培训之后，在公司微信群发出的信息。

由此可见，当人们给予的和对方需要的不对等时，你所有的方法、方式就都是错误的，用制度来解决问题，员工只是约束，用对你的方式才是根本。

老板期待的员工责任心

经常有老板问我，员工没有责任心怎么办？给员工下达任务之后，员工怎么不去做呢？员工怎么不自觉呢？这是我听到的老板的心声。

世界上并没有天然的责任心，其实这种责任是被赋予的。如果一个人没有使命，没有目标，没有对自己的追求和定位，他是根本不可能有责任心的，所以企业里的员工能够主动工作，从本质上讲是员工有责任心。责任心是来自于一种被赋予的责任，可是恰恰相反，很多老板把这种责任心当成了员工应该天然有的东西。所以，老板在生气的时候，应该想想如何赋予员工这样的责任心，使他主动工作。我们可以把责任心看成个人对于某件事情的关注度，如果这是属于他的事情，他就会有责任心。

作为企业，应如何赋予员工责任呢？其实在这里我想和大家从另一个角度去分享。

在企业里，当员工做事情的时候，我们跟员工的相处是非常重要的。例如，领导将同样一件事情交代给 A 和 B，B 需要被催着才工作，他觉得这件事情跟他是没有关系的，他在做这样的事情，首先他没有在骨子里边认为他是获得了学习机会，他会把这件事情当成任务，即使当成学习，他也没有理解，所以需要有人不停地提醒，否则他就把这件事放下了。但是 A 不一样，他对于学习这件事情是非常愿意的，他有学习渴望，在这种渴望面前，他认为任何一件事情都跟他有关系。

另外，他对这件事情、这个平台超级认可，这个时候，表现出来的现象就是他的责任心。

员工的责任心、员工对企业或领导认可、员工对于自己的定位这三项内容其实是需要达到一种平衡的，否则员工是不会主动工作的。所以在工作当中，作为员工要去思考这三点：为什么别人说我们没有责任感？这个工作对于深度学习、提高自己有没有好处？为什么你对于企业、领导不认可？如果你没有思考这三点，你做的工作是不可能完美的，因为这个时候你只是应付，只是日复一日地完成工作。这样也就没有办法得到领导的好评，没有办法得到更好的晋升、薪酬，也不可能在这个领域有所建树。

责任心不是来自于外界，而是来自于自己，它既是一种品质，又是我们的一种能量场。责任心跟加班这件事情是息息相关的，责任心一定是我们通过环境营造出来的，而不是要求出来的。

为什么你无法激励员工

我们激励员工的方式一般都是依据马斯洛层次需要理论设计的，但一直以来我们从未离开过这个话题：我们给员工提供了精神鼓励、物质奖励，为何还是无法激励员工呢？我们一直在研究：如何给予员工激励？究竟什么人能激励员工？究竟什么事儿能激励员工？究竟如何激励员工才有效？

在一次与华特邦的董事长梁贺的交流中，她说："今天几个朋友找我吃饭、谈事情，他们想做与法律、高级安保等有关的项目。我听了，就内心屏蔽了，我自己还是想做一些充满爱的事情，能播撒爱的事情。"

我听了最后那一句话"我自己还是想做一些充满爱的事情，能播撒爱的事情"，内心涌动着一股暖流。她的内心和思想是想做正能量的事情、有爱的事情，这件事情无意中影响了我，使得我对自己也有同样的要求和定位，也要做正能量、有爱的事情。

这个例子本身就是一种无形的激励，在影响着我们去做更多有价值的事情。

是的，有的人本身就具有激励别人的能力。

如何做一个激励大师？我经常在课程中提到：我们过去使用制度，使用语言，使用金钱、物质、福利等，给予对方，使之达到激励别人的作用，而事实恰好相反，激励归根到底是开心的问题。每位管理者都绞尽脑汁，最终却无法激励对方。看上去是激励别人，其实激励的实质是在激励别人的同时使自己得到激发。因此，做一个能激励自己的人，首先自己是具有能量的：

自己是阳光的、积极的、向上的；

自己具有正能量，具有引领性；

自己稳重，令人有安全感；

自己具有思想；

自己有着榜样的力量……

你自己是阳光，就能照耀别人；你自己是星星，如何照耀大地？

每个人早上起床，需要看到阳光而引发自己内心的开心、快乐。

虽然，我们一直在研究如何激励别人，事实上我们应该研究的是自己，如何让自己能像太阳一样照亮别人，激励别人。

我们对他人发自内心的认可、信任、尊重和用心给予，同样可以激励别人，别人也会因为这份认可而有责任感和使命感。

任何人的成长都需要有“意愿”

是否愿意成长，是属于员工自己的事情，但是企业有义务让每一位员工清楚自己不成长的后果。“痛”的后果，促使员工成长。个人的目标使得员工选择“愿意”成长。

A 经理说：我老公是北京人，儿子 12 岁，家庭生活很好，我们日常周末就在家里，出去的时候也很少。觉得生活挺安逸，也没有什么其他的追求，关于成长方面也没有什么追求，我觉得现在就挺好的，我老公和我有差不多的想法。

我问：家庭生活的满足会产生幸福感，这是很好的。但是在企业里、职场中怎么办？假如你目前作为经理岗位，管理能力 60 分，如果不提高，你的主管怎么办？你的助理怎么办？你打算让他们未来何去何从呢？你的助理也想买房子，拿到更多的薪水，获得更好的人生；你的主管也想晋升。如果你不提高，你如何让他们有所提高？你将给他们留下两个选择：第一个就是未来让他们越级，跳级超过你。第二个是他们跳槽，因为有你在中间拦着，他们过不去，就会“跳”。这两个结果你自己选择吧。

A 经理沉默了。

一、个人成长也需要“能力”

并不是每个人都会“自我成长”，每个人的“个人成长”都需要学习。

为何同一个班级、同一个老师，学生的成绩不同?

为何同是工作十年，而累积的经验不同?

为何同是看到一个事物，人们对它的反映不同?

如何学会思考?如何学会总结?都是你必须具备的成长的重要能力。

二、公司当然要培养员工

每家公司都有人才培养计划，那个计划是从1职位到3职位的，从助理到总监的楼梯培养计划。随着这个计划开始了岗位安排和培训内容，需要强调的是，这不是系统的人才培养计划，这是“晋升”计划。人才培养计划至少要包括以下的要素：

个人过去、个人专业、个人优势、个人劣势、个人擅长、个人喜欢、个人目标。

脱离了员工个人“擅长和劣势”定位的培养都不能实现“培养”的目标。单纯的晋升也只是一个重“用”，这是多了一个针对对方而言有好处的说法而已。

我们培养一个人，培养什么呢?

人情世故的能力、成熟度、情商、情绪、礼仪、能力、专业等。

如果你的团队跟了你10年，你都没有令他们更加睿智、成熟，那么过去的时间里，他们也仅仅是工作的工具而已。

三、企业与员工成长的 1:1

员工因为企业没有发展前景，企业实力不够，无法给自己相应的报酬、成长、支持而离开；

企业因为员工没有培养价值，因为员工实力不够，无法给企业提供相应的支持、贡献而放弃。

在互动关系中，人与人之间都是相互供给、相互需要的。就像我们提及的“同频管理”，我们的价值观、思想需要在一个频道中，任何一方不成长都会被淘汰。

如何保证员工与企业的成长速度在一个频率上，是 1:1 的关系呢?

企业成长率与员工的成长率的计算：____________________

企业的成长指标：____________________

员工的发展指标：____________________

员工关系要“排毒”

过去很多企业每半年或一年就进行一次员工满意度调查，其中包含员工对企业环境、员工宿舍、员工食堂、领导的评价或评分等一系列内容，以便企业管理者掌握员工对公司满意的方面或不满意的人或事。

今天我要跟大家说的是，不要将员工满意度调查仅仅定义在员工满意度调查上，而要明白我们做这项工作的核心和本质是什么。我给员工满意度调查贴了一个标签叫“关系排毒”。为什么这么讲呢？例如，夫妻之间相处一段时间相互之间也会摩擦，因为有不同的价值观、不同的生活习惯，这个时候就会存在情绪、不满意、抱怨，发展到最后就成了矛盾，如果不去疏通矛盾，这个矛盾就会爆炸，企业和员工之间也是如此。就像我们的身体需要排毒一样，不排毒的话体内就会有垃圾、毒素，就不能健康生活。所以员工与企业之间相处久了，也需要“排毒”，双方要非常清楚对对方不满意的地方是什么。

那么，我们应该怎样进行“排毒”呢？其中最关键的就是沟通，相互沟通很重要，我们有没有主动跟上级领导沟通呢？

三年前，我们公司的一个出纳，来了公司三个月后，有一天突然要辞职。我正好在电梯里看到她，我对她说：“如果你相信我，下班的时候你就来我办公室。”下班后她果然来我办公室了，我问她为什么辞职，她说：“我都来公司三个月了，我的领导从来都不找我谈话，我也不知道在公司里边做得好不好，我觉得没有意思，就想走了。”我问她：“你在你男朋友那里，你会不会问他，你爱我吗？”她点点头。我说：“你问你男朋友你爱我吗？那是你主动问，你为什么就不能主动问一问你的领导，‘领导，您看我来公司三个月了，您对我的评价是什么呢？我哪里还可以做得更好，您对我有什么要求、有什么建议吗？’这个世界上哪里有一个条文说，只能领导主动找你，你不能主动找领导呢？”

在这个例子中，员工没有主动去找领导，就是员工与领导之间没有沟通，没有沟通就会产生障碍。在实际工作中，员工可以主动去问领导，作为领导也应该主动问一下员工。我想这是双方应该去做的工作，也就是“关系排毒”，在这个关系里边如果双方做到了沟通，那些不好的毒素和垃圾就没有了。不排毒，就必然会有毒素，有毒素就会有疾病，有疾病不解决就成了问题。亲爱的朋友们，现在你和你的领导之间有“毒素”吗？同时，你和你的朋友、家人、孩子之间是否需要“关系排毒”呢！

“10 年员工”传承给公司的是什么

如果“10 年”员工讲不出来 10 年的收获、10 年的精神、10 年的传承，其实并不是员工们的问题，而是“公司”和“领导们”的问题。

10 年以来，企业是如何培养员工、如何使用员工的？你让员工成长的是什么？这个成长是否经过了双方确认？

我在给多家企业做管理支持的时候，都会对企业的老员工进行一个成长盘点，例如：

1）10 年以来你做了什么？

2）你工作中进步（经验）的是什么？

3）你工作的体会是什么？心得是什么？收获是什么？

4）你给过公司的建议是什么？

5）10 年以来你的特殊贡献是什么？

6）你给公司的机制、制度做出过哪些贡献？

7）你可以传承给团队的经验是什么？

8）10 年以来你的情商力提升的是什么？

9）你解决问题的能力有哪些进步？

10）你的成熟度有哪些进步？

离职的处理体现你的水平

离职是很多企业、员工都会经历的事情，其实很多公司的员工在辞职的时候，其内心世界是很紧张的，因为要面临交接，要面临公司严格的审核。离职就等于不合作了，离职就等于关系终止了。

有一家公司的人事经理被辞退了，这个人事经理的特征是非常柔弱，做事情没有自信，不够敞亮，缺少雷厉风行的作风，而且做事的能力上有偏差，这是一种客观的描述。作为 HR 的经理，他的第一个特征是：会在公众场合和其他部门的总监甚至是副总因为沟通的事情产生冲突；会在办公大厅里面大喊，曾对公司高管、自己部门的直接上级、公司其他部门的员工喊过。第二个特征，就是他有抱怨的习惯，这种抱怨不分场合，如去吃午餐的时候就经常抱怨。第三个特征，他会越级汇报、反馈一些东西。

大家可以想象，这样的中层管理人员在企业里面一定是不受欢迎的。因为抱怨，因为越级，因为自己的工作能力，经常与别人发生冲突，在企业里边不被认可或者是不被重用，是必然的。同时，被辞退对于当事人来讲肯定是不舒服的，所以他拒绝了公司的推荐机会，同时要求公司给予补偿费，最后公司给了他 4000 元，算是给其心理上的安慰。

后来，这个 HR 经理又去找工作，可是一旦面试公司知道他在其他的公司干了一个月就不干了（其实就意味着在其他公司的试用期都没有通过），都不会录用他，导致他的工作非常不稳定。到最后他只要有机会就找原公司要钱，通过历时一年的官司，要了一笔补偿费——8000 元。

在这个案例中，表面上看是这个经理赢得了 8000 块钱的补偿费，但也意味着他一年的时间都在关注这 8000 块钱，这一年里他一直处于气愤、不满的情绪中。同时，他丢了推荐的机会，丢了自己的自信心，丢掉了他在工作领域里的个人品牌。在今天这样一个强调个人 IP 的时代，口碑传播显得异常重要，所以在这种情形下，如果你丢失了被推荐的机会，就意味着你丢了你的个人形象、个人品牌。

现在很多公司都有微信群，员工数量较多的企业，会有高级管理人员的核心群、各部门经理的中层群，还有培养员工的大群。我见过两家企业是这样做的：这两家企业各有一个部门经理离职，从他们提出离职的那一刻起，企业没有提前和这位经理沟通，就直接或找 HR 的关键人员把他们从群里踢出去了。

员工还没有办完离职手续，就被踢出了微信群，这个部门经理首先会觉得心里不舒服，其次会觉得非常没有面子，内心会有不被尊重的感觉。这些就会导致离职的员工和企业产生不愉快。假如企业的管理人员能提前告知当事人会被拉出群，这是公司的正常程序，所有的离职人员都是可以接受的。

或者是企业给所有的离职人员都建立一个微信群，这其实是延续企业对员工的爱的。

在企业老板层面上，也会出现这种情况，这是管理者情商低，还是老板的格局小？或者是老板不懂人情世故？所以说离职关系处理的好坏其实是双方的水平问题。一旦离职就会发生矛盾，会打官司，会彼此抱怨，这就是现实生活中离职产生的问题。

所以我们也呼吁我们的伙伴，我们的企业家，我们的管理层，要正确看待离职关系。离职关系的处理比入职关系还要重要，通过这个关系，会涉及企业文化建设、员工关系建设。离职关系处理的好坏能体现出双方做人的水平，危机处理的水平，问题处理的水平，你的情商、人格魅力、格局等，归根结底体现了你的能力和水平。

第四章

企业人力资源管理要同频

第五章

管理者的水平

用对你的爱

关于人才“能力”的标准

对于老板而言，能用的人归结起来具有两个标准：一是意愿，二是能力。一个人很有能力，但是对于这个工作就是不想干——用不上；一个人很想贡献，但是能力不够——用不上。可见，有意愿+有能力，缺一不可。

那么一个有能力的人，需要具备什么样的要素你才会说他有能力呢？

一、综合知识

某一个岗位上的员工，比如说一个人力资源的从业者，首先要考过人力资源证、财务证，但是仅仅有这样的专业知识还不够。作为一个人力资源岗位的人，不光要懂专业知识，还要懂点礼仪、服装搭配等，这就是我们说的综合知识。

再比如，一个营销人员，他除了对产品专业知识熟练外，还要能够跟客户聊一些其他的内容，要具备综合知识。如果不具备综合知识，你会发现专业知识聊完后就没有别的可聊了，他就是一个不会聊天的人。

二、技能

如果员工是博士生毕业，有知识、有学历就可以吗？不可以，还要有技能，比如沟通的技能、计划的技能、计算机的技能、战略的技能等技术层面的知识。例如，让一个大学毕业生与客户沟通问题，他很可能会完不成任务，因为他不会说话，但是换成另一个有沟通能力的人就没有问题，所以说仅有知识，没有技能也不可以。

三、经验

如果员工只有知识，而不能解决问题，别人会说你没有实料；如果员工只有解决问题的技能、技巧，但是不专业，别人会说你是土豪。因为除了知识和技能外，员工还要有经验，即你曾经真正意义上在这个领域里做了很久。所以，一个大学生具备超强的技能，我们只能说这个人有使用的潜力，还不能说他有能力，有能力的人还需要点经验，有经验意味着他已经有了一种沉淀，可以成为优秀的员工。

人力资源管理的核心属性

我们以人力资源部门的业务板块为例，来看一下人力资源管理当中最最核心的属性是什么？

“计划和战略”：使企业或人力资源管理有目标、有方向、有前景，属于动力管理。

“招聘”：吸纳人才，为企业发展做贡献，属于动力管理。

“培养员工”：给予员工培养机会、培训机会，使其成长，使其有工作能力，属于动力管理。

战略规划	+	动力 / 激励
招募	+	动力 / 激励
薪酬福利	+	动力 / 激励
培训	+	动力 / 激励
企业文化	+	动力 / 激励
员工关系	+	动力 / 激励
考核	+/−	正激励 / 负激励

“工资、福利”：属于动力管理。

“企业文化建设”：做活动，目的是使员工开心，拥有更好的工作环境，创造价值，属于动力管理。

“员工关系建设”：目标是使员工与企业、老板、领导、同事具有良好的共处关系，为员工疏导关系，属于动力管理。

“绩效管理”：有正负激励，做得好就奖励，做得不好就批评，目标是为了促进发展，属于动力管理。

通过上述描述，你会发现一个共同特征：在人力资源部门业务职能板块中，90%都是在做激励别人的事情，让人力资源发挥最大的价值，这是目标。人力资源管理中的关键任务就是做激励管理，动力管理。我们的所有管理出发点、管理办法、管理规则都是让企业有动力、团队有动力、员工有动力，只有这样，我们的方向和办法才不会偏差。

人力资源的关键任务就是激活团队

我在《用对你的爱》一书中说过：两个人在一起，你存在的最大价值，就是你可以激发你的另一半。最终彼此成长，使得你们彼此成就。

人力资源管理有三个关键词：激活、激发、激励。如何在工作上调动员工的积极性，激发全体员工的创造力，是开发人力资源的最高层次目标。作为企业，需要创造激发员工创造力的环境和机制：一是创造一个鼓励员工开拓创新和冒险的宽松环境以及思想活跃和倡导自由探索的氛围；二是建立正确的评价和激励机制，重奖重用有突出业绩的开拓创新者；三是强化企业内的竞争机制，激励人们去研究新动向、新问题，并明确规定适应时代要求的技术创新和管理创新的具体目标；四是要求企业必须组织员工不断学习以更新知识，并好好引导他们面对现实去研究技术的新动向。同时使员工知道工作的实际效果，达到员工高效工作、高度满足的结果。

在激活、激发、激励的建设中，也要鼓励员工和领导都主动去发声和表达。员工个人要学会表达。

向你的家人去表达：“亲爱的，你要激励我，你要激发我，让我的细胞活着，所以你不要总是批评我、指责我，这样就是在给我画‘差’，慢慢地我的细胞就死了。如果你总是鼓励我，我就会绽放。”

向你的领导去表达："您能不能鼓励我一下？我现在没有激情了。"过去基本上都是领导去找员工，想办法激活、激励员工，但是现在我们需要学会向领导反映、反馈，例如我需要什么鼓励，我现在的状态是没有创造力的，我现在的状态是没有热情的。

人力资源管理的核心属性是动力管理，最重要的、最关键的任务是激励、激发、激活你的团队。今天的管理者需要盘点一下，你的工作当中是处罚多、要求多，还是激励多？通过你的管理，是把团队激活了，还是把团队"控""死了"，这是体现一个管理者管理水平的关键。

另外，激活一个团队、激活一个人，激发一个人的斗志、激励一个人的行为，这需要我们有正向价值观、愿景、使命、规则、制度、流程、人文管理、企业文化、企业活动、员工关系、报酬回报等。因此我们站在激活人力资源的角度，才能创造价值，才能避免断章取义地制定公司政策。

检视：我们的语言、行为、价值观、制度是否在给予员工、团队、企业以动力？

问题：你所有方案的最终效果都能使团队和个人都更有动力吗？

如何管理“知识型员工”

所谓知识型员工，就是那些非常有知识含量，有知识上的专业度，曾经受过专业的教育，从知识层面讲懂得很多的员工。换句话说，他们懂得的道理也多，甚至他们比老板懂得都多。

现实生活中，我们如何管理这些非常注重专业度的知识型员工呢？在这个问题上，我们要去思考，谁来思考呢？我们的员工需要思考，因为我们的员工总是觉得自己懂得很多，企业不这样做就是错的，变成了员工去要求企业。很多知识型员工都会发出“企业不这样做就不行，就是不规范”的声音。

首先，知识型员工应该知道，企业在不同的阶段，有不同的管理风格，企业的规范性是不可能一步到位的。很多时候是因为我们存在着不足，才需要成长。所以企业的发展也是有阶段性的，它有创业期，就像婴儿一样慢慢地发展、慢慢地成长，我们要允许它有不足，允许它不完美。当它发展到一定程度的时候，老板就会注重企业的团队建设，我们就有更多的资金、更多的精力去加强我们的团队建设。在一开始的时候，老板要让我们的企业活下来，就会更注重企业的盈利。一个企业不能活下来，谈其他方面是没有意义的，物质基础决定上层建筑，精神文明建设也是要在物质基础之上。

其次，老板在管理知识型员工时，要摒弃一个思想，就是不要谈如何管理他们，因为一谈到管理他们，想的就是手段、办法，事实上他们是不受你管理的，他们不跟你在一个水平上。所以我们的老板要慎重处理这个问题。

因此，在这种类型的员工到公司的时候，老板要跟员工进行深度谈话，告诉员工，我们的企业是一个什么样的企业，当前是什么阶段。把我们的不足，真实地告诉员工，希望获得员工的理解和支持，这时候，这些员工就会作一个心理选择，他一旦接受，就会在不规范的条件下、有不足的情况下去工作。也有一些员工可能就会选择离开，因为他不能接受现在的不完美。其实这是我们避免未来员工和企业发生冲突的一个方法，所以当我们的员工属于那种高知识含量的人，老板就要定期跟他们讲企业现在的发展阶段和遇到的困难。其实很多老板不愿意把自己的困难讲给员工听，其实员工真正关注的不是你画的那张饼，而是真正地看到了你的内在力量。

所以，我们所有的管理人员、老板们，真的应该回过头来，不要谈管理，要能够和员工走到一条战线上去获得理解和支持。从你有能力经营到让别人理解你和支持你，这才是成功。如果你身边的朋友和员工都不理解你，不是你的情商出现了问题，就是你的沟通出现了问题，你在拒绝什么？你在怕什么呢？

如何让员工有创新力

员工的创新力到底是哪里来的？怎样才能称得上有创新力呢？如果管理者只是要求员工要有创新力，员工就一定会有创新力吗？并不能，也就是说创新力不是要求来的，那创新力是怎么来的呢？

企业给员工营造一个很舒服的环境，员工就可以有创新力吗？也不能。如果企业的整个工作氛围比较好，员工的工作热情都很高，整个环境促使员工积极思考，但这仅仅是企业整体的创新力。我们如何让员工有创新力呢？

例如，一些画家是因为他们从小就喜欢画画，画画成为了他们由衷喜欢的事情，爸爸妈妈也许并没有在旁边要求他们画画。大部分的天才都喜欢钻研，热爱自己喜欢的东西，所以他们就会主动去研究。很多科学家也是一样的，因为他们非常想去研究这个领域，所以才会有创新力。

比如对于管理这个学科，我就是天然的对它有着热爱。我经常会说，管理学是一个非常好的学科，一旦把管理学研究透了，其他的内容都是小 case 了，为什么呢？因为管理学当中包含了人力资源，又包含了国学，如果想做好人力资源、处理好所有的团队关系，就要懂得心理学、人际关系学、商务礼仪、营销学、财务等学科的内容。人力资源管理需要很丰富的内容，如果把人力资源研究透了，其他方面也不会太差，因为想真正意义上把它做好，需要在各个方面进行深度挖掘，所以在这个层面上，我是带着充分的热爱去研究它的。到底如何去激发我们的创新力？如何能够在这个领域里做好呢？就像我出版的《用对你的爱》这本书，其实刚开始的时候并不是在单独地研究情感，而是在管理当中每天都要处理大大小小的员工关系、事务关系，我们对于情感有了很多了解。我们在研究情感的时候，不是你赢了多少，也不是你输了多少；不是你爱了多少，也不是你没爱多少，是因为你真正的在一个领域里边对它的深度研究，所以一旦我们深度研究，去热爱它的时候，我们在这个上面自然就有了创新力，没有对它的热爱是不可能有创新力的。

生活中你会发现，我们很多企业把“创新力”最终变成了一个口号，当你问他们的企业文化的时候，老板就会告诉你，我们需要一个创新的团队；当你问到他是怎么做到创新的，怎么让员工有创新力的？老板或许就会沉默。

“创新”这个词一定不是一种要求，不是一种目标，也不是一种梦想，你正在研究的事情就等于创新，你做出来的结果就是在创新。我相信，但凡是在某个领域或岗位上有深度热爱的人们，他们每一天都在思考“我如何能够做得更好”，当你在深度思考这个问题时，就是在创新。所以，当你还没有创新力、不能深度思考的时候，先要去回答一下，我对它是不是真的热爱？

如何培养企业的向心力

企业向心力是企业运转过程中所产生的具有本企业自身特征的精神财富的总和，主要是指企业的共同行为准则和价值观念，包括企业哲学、企业道德、企业精神和企业风尚等。由此可见，企业向心力是“软管理”的结果，它由企业存在、发展的物质环境决定，通过生产经营活动表现出来，并作用于企业各方面的活动和环节，它像一只无形的手，始终制约、调整和推动着企业的整体发展。

一、企业向心力缺失的原因

首先是员工方面的原因，企业中某些员工比较重视自身价值的实现，重视自身知识的获取与提高，追求终身就业能力而非终身就业饭碗。尤其是企业中层次较高的员工将自身价值的实现作为人生的终极目的，而把职业作为一种途径。他们往往重视自身知识的获取与能力的提高。为了更新知识，他们渴望获得教育和培训的机会，因此他们希望到更优秀的企业去获得新的知识与经验，实现个人能力的增值。他们想尝试新的工作以培养其他方面的特长，在流动中实现其个人价值。

其次是由于企业需要面对诸多未解决的矛盾，使得员工不得不面对的一些局面：如工作任务单调且劳动强度过大；才能得不到施展；被动接受矛盾的指令，无所适从；薪酬较低甚至遭遇不公平对待；对自己的目标实现和期望看不到前景，等等。这些问题得不到及时解决，会导致员工心理不满，工作积极性下降，影响工作效率，最终影响企业的生存和发展。有许多企业，因为企业核心价值、文化、政策等诸多方面的问题未得到及时解决，使员工产生离职的想法。这些企业存在的问题主要有：员工的贡献未能与其薪酬相匹配；看不清企业的长远目标和战略意图，在无目标的情况下，员工只是被动地参与工作，时间一长，员工的工作积极性会大打折扣，失去工作的兴趣；员工的工作环境不太理想；员工对上司产生强烈的不满；缺乏教育培训和让员工事业发展的机会；等等。

二、如何增强企业向心力

1. 树立企业与员工是合作伙伴关系的理念，增加员工的归属感。

在传统的企业与员工的雇用和被雇用的关系下，虽然企业一直强调员工应具有主人翁的精神，但是，这种主人翁的地位很难被员工在思想上加以肯定，他们始终认为他们是处于被动地位，因此很难对员工产生有效的激励。只有树立企业与员工是合作伙伴的理念，才能真正肯定员工在企业中的主人翁地位，从而让员工感受到企业的认可与尊重，才能使员工有归属感，才能对员工产生持久的激励。

2. 营造一个沟通顺畅，信息知识共享的环境。

随着社会的进步，企业内部沟通方法和手段也有很大的发展。我们可以充分利用海报、企业内部报刊、企业网站和论坛、内部电视网络，运用座谈、会议、电话交谈、网上聊天、组织员工集体活动等多种方法，使员工能方便地了解到各种所需的信息与知识。在沟通过程中应注意以下几点：选好员工代表，做到上下通达，起到事半功倍的作用；设立员工专栏或意见箱，允许意见反馈；尊重并关心职工。多了解职工的需求并尽力满足他们，为沟通创造一个良好的和谐的氛围；让员工明白企业的目标与期望。在工作中应让员工参与组织目标的制定，使他们了解组织在一定时间内应该达到什么样的预期，从而让员工了解自己工作的目的和意义；及时持续地疏导员工的情绪。员工的不满如果没有得到及时的疏导，就会形成一种潜在的危机，对企业产生危害，对沟通交流也是极为不利的，并最终影响企业的发展；在与员工的交流沟通中，对他们的工作要多表示赞赏，及时充分地肯定员工的成绩；建立相应的信息处理机构，发挥汇总采纳和正面疏导的作用。在不违背保密原则的前提下，对有利于企业的信息，进行大胆的宣传；对不利于企业的信息，坚决抑制。

3. 构筑荣辱与共的理念，加强员工职业生涯设计。

员工能否与企业荣辱与共，在于其个人发展愿景和企业发展愿景是否一致。因此，企业要帮助员工做职业生涯规划，使他们知道自己的优势何在，企业能为他们提供怎样的发展空间，然后结合每个人的特点并通过一定的途径去培养，使员工找到自己的定位和将来努力的方向。

4. 建立企业文化，培育企业精神是增强企业向心力的根本保证。

每个企业都希望能够长期持续经营下去，而且越来越兴旺。因此，这就需要有一个能使全体职工都能接受的核心价值观。用这种企业核心价值观把职工和企业联系在一起，向着共同的目标努力奋斗，这就是我们需要建设的企业文化。企业文化的形成，必须由企业管理层利用各种机制，包括职工培训以及各种集体活动，不断对职工进行引导、培育、熏陶、感染，使它获得职工的认同，达成共识，养成良好的习惯，成为企业全体职工乐意接受的价值观念。

企业凝聚力和归属感从哪里来

一、企业凝聚力

如何打造团队凝聚力，这里我先问问你们，为什么企业没有凝聚力？

没有领袖：一个具有格局、高度、人格、包容、说话算数、有魅力的人。

没有属于你我、属于我们的共同目标：目标一旦只属于某个人，就无法实现在一起的事实。

没有共同的价值观：人的信念，做事的原则，比如，说到做到。

没有共同的事情：这个事情就是“一件事儿”。

没有充分的情感交流：这个交流意味着了解、理解，实现包容，最终获得认可、尊重等。

没有解决实质问题：凡是无法解决实质问题的环境、事件、人，都无法再次吸引而产生凝聚力。

没有规范管理基础：这是法治的基础，是游戏规则的基础。

没有激励：这个激励，是认可，是尊重，是给予，是回报。

没有足够的有效高质量的活动产生黏性连接。

我们企业里谈凝聚力，需要先谈吸引力。

花朵美，自然吸引来了蝴蝶；也像磁铁，自然可以吸引到其他很多物体。

企业凝聚力也一样，犹如花朵，犹如磁铁，企业具备的美的事儿、美的人，一定具备凝聚力。

二、员工归属感

谈归属感需要先谈拥有感：归你所有，归我所有，才是“归属”；你是我的，我是你的，是一种隶属关系。

归属感是通过参与感说了算的，产生被认可的感受和成就感。

例如大家会参加很多各类社会型组织：

小李说：“自己每次在这个组织里，只要讲话，就被人屏蔽，就不被认可。有活动只是列席参加，即使提了意见，也不会被采纳。”在他心里只是自己“参加”那个组织，并不是参与。

是的，参与感是自己参与了意见、想法、行为的综合过程，没有参与感就不会有归属感。

Y公司老板说：“营销部门总监不具备真正的领袖能力，所以不能给他人事的权限，只能给他做业务的权限。”

我说：“你不给人事的权限，业务怎么干？业务是人做出来的，自己没有权限，不能说了算，就没有存在感，就没有权威性和荣耀感。”

Y公司老板说：“他不具备这个岗位的领导能力。”

是的，很多职位上的人都是这样来的，或许这个岗位缺少一个管理人员，结果你把不合适的人提升上来，最终你依然觉得他还是50分的人，他自己觉得没有被重视、尊重，没有参与感，最终毁掉了归属感。

安全感：你在公司里是否有安全感，纵然做错了事情，也有安全感，被批评也是被爱的批评。不是被指责、被看不起，建立归属感，需要建立安全感。

管理隐形成本

人们都知道有些东西看不见、听不到、摸不着，但是很重要，例如空气。而现实生活中人们往往更在意看得到的。因为这个“痛”他能看得到，能触及。

在人力资源领域，我们一直在谈成本问题，我们罗列了人力资源的诸多成本——显性成本，例如工资、保险、出差、工具等。但是我们从来不去专注研究其隐形成本，丢了，损失了，你也看不见。

A 公司高薪聘用了一个副总经理，但是 A 公司总经理日常坚守自己的价值观，维系自己固有的模式，对自己聘用的副总缺少信任，不能充分授权，副总日常做的制度文件，总经理都要让秘书进行审核。总经理拿出了一个完美的理由：因为自己的秘书已经在这个公司工作 8 年了，熟悉公司的环境。这个理由听起来没有问题，但是副总心中在想：如果秘书熟悉，那么秘书是否就可以操作了呢？难道副总不如秘书吗？副总就觉得没有被认可、没有被尊重、没有存在感，情绪也从入职时的激情变成了后来的消沉。

对于总经理来讲，副总经理是高薪聘任的高管，但是他这样用人的方式本身就是一种隐形成本的消耗，负能量的管理就是在消耗对方的意志，消耗公司的力量和创造力，也等于在消耗公司的用人成本。

谁在为你的企业做招聘

谁在为你的公司做人才吸纳工作呢？HR 部门？NO——人人都在做招聘，这是一种隐形招聘。

经常有老板责备 HR 招聘不力，导致新员工流失。在这里我想说：

用人部门的招聘能力如何？是否是合格的领导，能不能够吸引、感召人才进入公司？他们在做“无声”招聘。

老员工是否在做榜样，是否接纳新员工，是否尊重新员工，是否用热情在迎接，他们也在做“无声”招聘。

很多员工离职以后，也在无意中进行“口碑”宣传，当然有正能量也有负能量，他们也在做“无声”招聘。

我们看下招聘流程吧：

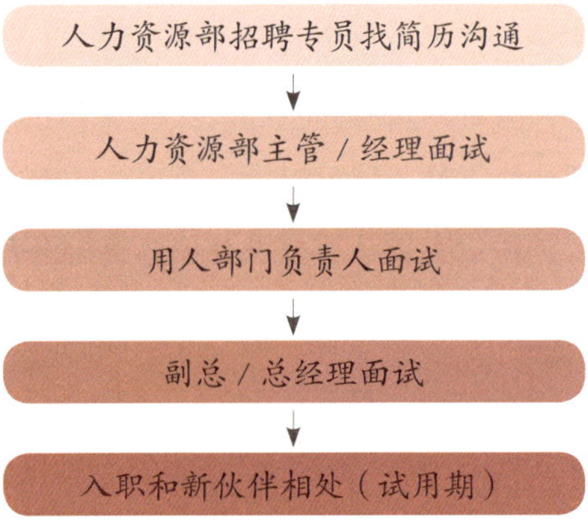

面试流程

上图看似是公司招聘新员工，实质涉及关系相处和经营，这是双方的适应和选择过程。公司的每一个人都在为企业做招聘工作（吸纳人才的工作），这也是隐形的。

A 公司总经理招聘了一个总经理助理，过了 3 个月总经理助理提出离职。

总经理问她："你为什么辞职呢？"

她说"我到了公司，您的司机只要离开公司，就在抱怨您，我每天听，都没信心了，听得多了，就没有动力了，所以就想辞职。"

谁在为公司做招聘？全员都在做招聘。所以企业应该更多地关注到那些"无声"的招聘，这也是为何人才招聘规划与企业总体战略、企业文化建设相关联的原因。

企业谈文化，为何还是没文化

每家企业都在打造自己的企业文化，都在塑造企业文化，但是为何还是没文化？

每家企业常规的文化内容，包括企业愿景、企业使命、企业理念、企业标识、团队理念、家文化、执行力文化、快乐文化，等等。

一家企业在梳理企业文化的时候，我问：您“家”的企业文化是什么？接下来如何打造呢？

其老板说：我们的使命是：……

我们的愿景是：……

我们打造的是“家”文化，我们一直是“家”文化很浓的企业H。

我看了一下他们的企业，果然是“家”文化十足。企业成长了20年，员工平均工龄7年，团队平均年龄在36岁以上，50岁以上的人员占团队总数的15%，40～50岁的人员占团队总数的35%。

我看了这些数字，不禁惊叹，是的，“家”味儿十足，正是员工有安全感，团队才会稳定。那么未来企业的发展方向是什么呢？企业已经出现了老龄化问题。并且思维模式开始固化，创新思维从哪里来呢？

打造“家”文化是老板希望的，但是他的企业是否真的需要“家”文化？

我对这位老板说：“当前公司，工龄稳定，这个阶段的企业文化是需要考虑创新、活跃、积极、成长等文化的时候。如果脱离了这些文化，依然‘家’文化，是否能够支持企业继续发展呢？”

我们打造企业文化的依据是什么？是我们需要的，还是我们想要的？我们往往很容易知道我们想要什么，但是我们内在“需要”什么？经常被我们忽略。

我们的企业文化究竟都包括什么呢？听到的、看到的、感受到的，通通都在企业文化的范围之内。

企业文化打造过程中的深度不够，这是很多企业存在的问题。

例如：企业要想打造成“爱”的文化，不仅仅要提出这个口号，还要在日常工作中感受到爱，要把“爱”体现在制度中，落实在企业管理中。所以，我经常说，如果我们的理念、方向等都没有问题，结果依然不是我们想要的，那么一定是我们用心不够。企业文化是一个非常需要用心的事情，企业文化不是活动，不是流程，不是事件，而是我们用心注入企业每一个角度的事情。

你的企业气质是什么

企业的文化犹如人一样，也有气质上的分别。有的勇武，有的儒雅；有的浮躁，有的踏实；有的粗放，有的精细；有的豪放，有的拘谨；有的活跃，有的沉静；有的执着，有的随和。一个企业的文化特征，也会给人一个总体感觉。

企业文化的气质是如何形成的呢？首先它是企业创始人、企业老板的气质决定的。其次，它也在企业经营管理实践中，经由团队主要成员不断创新丰富，不断深入强化，在持续积淀中养育而成的。这个气质并不是自己说出来的，而是客体的一种评价，是别人对你企业的文化形象、文化心理、文化特质、文化品格的一种判断。

企业文化的气质只给企业涂上某种色彩，但不能决定你的企业文化的社会价值，也不能直接作为道德的评判。一个企业的文化不论是张扬还是低调，都不能决定它的价值取向，任何一种气质类型的文化都可以使该企业成为高尚而伟大的企业，也可以成为一个败坏而有害的企业。

气质本身无好坏之分，每一种气质都有积极和消极的两个方面，但它对于形成良好的动机和态度又有一定的实践意义，需要我们去调适。比如，有的企业充满激情，看重形式；有的企业内敛稳重，看重内容。虽然这本身没有原则上的对与错，但在实践中确实需要把握好这两种气质的分寸。充满激情气质的企业，领导常常激昂振奋，喜欢口号震天，标语满墙，运动一浪高过一浪，员工的情绪也被点燃，大呼“我是快乐的推销员，我是伟大的推销员，我是无所不能的推销员！”内敛稳重气质的企业，领导总是冷静分析，希望系统思考，扎实推进，走一步要一个脚印，员工也不习惯那种疑似传销的场面，而更愿意在没有故事的环境中安心去学习、去做事。企业不能没有激情，也不能失去理性，不能总是兴奋，也不能一味安静，所以，我说需要具体把握，凡事过犹不及。

我国古代思想家孔子从类似气质的角度把人分为“中行”“狂”“狷”三类。他认为“狂者进取，狷者有所不为”。意思是说，狂者一类的人，态度积极进取，他们“志大言大”，言行强烈，表现于外。狷者一类的人比较拘谨，他们“有所谨畏不为”，常常情动于中。而中行一类的人则介乎两者之间，是所谓“依中庸而行”的人。看来孔子也认为虽然狂与狷都没有什么错，但最好是中行。

企业文化的气质虽然没有好坏，但气质仍有美与不美的区别。最根本的还在于你企业文化的核心价值观。粗犷和细腻都没关系，但要诚信守德；爽直和温婉都没关系，但要追真求善；刻板和灵活都没关系，但要遵规守法。当然，最理想的企业文化是内容和形式、外表和心灵、气质和修养的辩证统一。

企业激励机制的建设

很多企业的管理者谈到激励机制建设，优先谈到激励，尤其是企业的奖励、福利，更多的管理者将福利视为激励。这些都是不完整的激励机制建设。

企业为何要建立激励机制管理呢？一定是为了让员工更好地创造价值。

如果你不能激活一个人，后续的一切“战术”都将变得苍白无力。那么问题来了，如何让员工高高兴兴地创造价值呢？

日常生活中经常听到有人说：企业里有“假活人”，生活里也有“假活人”，这些人看似活着，实际上“思考、学习、成长、向上”的细胞已经死了。没有了目标和梦想，没有了奔跑和追逐的驱动力。

因此，企业人力资源管理的第一要务就是激活你的员工，激活你的团队，激活他们的内心，激活他们的责任，激活他们的使命。

员工的一切责任、使命都与他个人有关，因为人们内心深处那个“利己”心态一直存在，脱离“利己”谈个人是没有支撑点的。所以很多企业做了拓展训练，做了很多培训，最终都成为“阶段性”的三分钟热度。因为获得持续性激情的根源在于自己。

激活员工，激活团队不是一场活动，不是一个口号，而是一种需要你拿出心血，用心去走进对方内心深处的一次灵魂之旅。

是的，我经常说，一个高管，直接下属不超过10个人，这10个人，我坚信你一定可以拿出时间去用心面对。真正地了解对方、认识对方、理解对方，懂得对方，才可能帮助对方“活”起来。

激励机制建设中的“激发”很重要。激发员工的能力潜质。每个人都是有潜质的，如何发挥出来，如何运用出来才是最重要的。我们培养人才，可以用语言鼓励，也可以给予认可，更重要的是让员工尝试、试错，挑战员工的勇敢与创造力。

激励机制建设中的“支持”同样重要。我们往往在乎精神、物质的支持和给予：给钱、给荣誉、给认可……却忽略了员工自身缺失和需要的那个部分，即员工自身能力做不到，不会做的那部分，而这才是企业激励机制建设中的关键。脱离“内在本质需求”的外围“战术”是无效的。

激励机制建设中还需要“奖励”，也就是日常大家惯用的方法：奖金、旅游、给车子、给房子……在激励机制建设中，很多企业混淆了重点，过多地关注奖励，忽略了激活、激发和支持。这也正是奖励无效的原因。

激活人的灵魂细胞，激发人的潜质，满足人的精神需要，满足人的欲望，这是我们企业“激励机制”建设中应有的路线图。

人性化管理与弹性管理

弹性管理是管理的原则性和灵活性的统一，即通过一定的管理手段，使管理对象在一定条件的约束下，具有一定的自我调整、自我选择、自我管理的余地和适应环境变化的余地，以实现动态管理的目的。弹性管理最突出的特征就是“留有余地”，或者说，在一定弹性限度内有一个弹性范围。弹性又可分为系统内部弹性（如“弹性工作时间”“弹性工资”）和系统整体弹性（如“弹性计划”）。

弹性管理解决的是灵活度问题。

一、实施方式

1. 弹性管理本身也蕴涵着风险。

弹性管理是从多种管理方案中选择的，选择的同时意味着放弃，这中间是要付出代价的。例如，长期投资决策中是否需要弹性，更多地依赖于投资项目的风险及决策人本身的能力。

2. 坚持刚柔并济，防止怀柔倾向。

推行弹性管理不是弱化刚性管理，弹性管理的“人本中心”原则，使其成为刚性管理的升华和润滑剂，对于避免和缓解企业管理中的矛盾具有十分重要的作用。而夸大弹性管理的作用会造成决策、管理上的随意性和盲目性，最终是有害的。一定程度内的刚性是弹性管理的质量保证，能有效避免弹性管理偏离正确方向。两者应该互为补充。

3. 要重视人才的作用。

人才是弹性管理的核心，具体的弹性管理工作都是围绕人这一最活跃的因素进行的。重视人才的作用包括两层意思：

一是要有人本观念，把人的作用摆在突出位置；

二是要正确任用人才，相应的职位对应相应的能力，建立周密的委托代理关系，防止“成也萧何，败也萧何”。

4. 要注意实施弹性管理的条件。

实施弹性管理必须有良好的软硬环境的支撑。

（1）人的素质是能否实施弹性管理的重要因素；

（2）要有良好的沟通和协调机制，避免员工们各自形成“知识孤岛”；

（3）实施弹性管理应有良好的物质基础设施支撑，计算机、网络、通信设备是员工交流知识、分享知识的重要工具；

（4）实施弹性管理也与工作性质相关，一般来讲应该是知识员工所从事的工作，可按照一定的分工使之有相对的独立性。

二、策略应用

1. 弹性政策。

政府的弹性政策可给人以长期稳定的假象，也可为执政者集中权力做好宏观调控提供手段。政策，可按治国的需要随时添加些新的色彩。因此，大到国家，小到一个部门的高明领导者都青睐“弹性政策”。

综观起来，弹性政策并不是不明确，但它却如春夏秋冬一般，虽生于地球但能交替变化，无论如何都能为执政者灵活运用。

制定弹性政策的目的在于从原则上相对保证政策的连续性与稳定

性。为执政者留有回旋余地。像武侠小说中的回旋镖，击中目标就击中了，击不中，镖还回到自己手上，绝不至于陷入被动。

制定弹性政策的原则是，增强方针政策在文字语言方面的笼统性和大原则性，减少它的具体性，以便随时按照政策需要，改换政策内容。

2. 弹性人事。

高明的领导者懂得：弹性最能予己以主动权，对人对事弹性处之，回旋余地自然很大。

例如，对一个人既不要把他看作敌人，也不要把他看得太亲密。亲而不可太近，疏而不宜过远，取其弹性中段较宜。对一件事，从理论上讲，要办它就要想一定能办成，办的过程中可能遇到麻烦，但从不定死哪件事不可办，叫作“不见老底不回头”。这就是对人对事弹性为本的策略。这个策略起码留有余地，保存实力，达到时时主动的功效。

3. 弹性语言。

“弹性语言”是指领导在办具体事的时候，运用灵活的语言，可将所说的话，所做的事，尽量地留有余地。即可进可退的语言，但又区别于模棱两可。如遇非明确答复不可的事，但又不好答复时，可以以“考虑考虑”“研究研究”再作答复为盾牌，好为自己争取迂回的时间。

如下属问上级：“有些外债需要清偿，对方催得很紧，你看怎么办？”上级答说：“我们应尽快增加收入。每个人都应负起还债的责任，债要尽快给人家清偿。你觉得还有什么办法？”这即是弹性语言。领导运用它时，同时又在思考良策，用以摆脱面临的危机，倘若事情不济，领导人仍然留有让部下一次解决问题的余地。

当然，高明的弹性语言，是高超政治艺术的一部分，不可能轻易学到手的。弹性语言奇就奇在可以回旋。

领导者学习弹性语言，必须坚守适中纯正的规则，不可失之偏颇。领导者运用弹性语言，可免遭部下怨恨，也可免遭政治失利。

“人性化”不等于“人情化”

一、人性化管理的表现

人性管理，从本质上说是一种针对人的思想的“稳定和变化”同时进行管理的新战略。

人性管理以“人性化”为标志，强调跳跃和变化、速度和反应、灵敏与弹性，它注重平等和尊重、创造和直觉、主动和企业精神、远见和价值控制，它依据信息共享、虚拟整合、竞争性合作、差异性互补、虚拟实践社团等，实现知识由德到显的转化，创造竞争优势。人性管理是企业在已有先进生产技术和规范管理的基础上，经过系统思考，改变心智模型，提高学习能力，实现自我超越，主动适应外部环境的变化来实现经营管理状态的变化，为用户提供质优、价格适中的产品和服务。企业必须坚持“复限式”的经营原则，打破原有的分工边界，充分利用各方面信息，采用人性的生产技术和动态的组织结构，充分发挥全体员工的创新积极性。

人性化管理要依据人性特征进行人力资源管理。人性特征是多方面的，人不同于机器。人有辨别和接受思想的能力，人有不同层次的需求，如同马斯洛提出的生理需求、安全需求、归属需求、社会尊重需求和自我实现需求。人有极强的潜在的创造和破坏的能量。人可以适应环境，也可以改变环境。正因为如此，众多管理者都认同：组织拥有的雇员及雇员拥有的知识技能是组织最重要的资源，是组织的构成部分，是组织承担社会责任，创造社会效益的根本力量。如同微软的比尔·盖茨所说，“我们主要的财产是我们的软件以及我们开发软件的技能，都是完全无法在资产负债表上体现的东西。”管理者在管理决策中充分考虑组织与组织成员的共同发展，在实现组织目标的过程中，充分满足雇员的物质、精神需求和全面发展，从而可以最大限度地挖掘雇员潜在的积极性和创造性，实现人力资源使用效益的最大化，以满足组织和社会发展的需求。

人性化管理的最终目标，就是追求全方位和谐发展。

雇员无不期盼着管理者的决策行为能够体现人性化。

二、“人性化管理”与“讲人情”的区别

作为从事服务行业的我们可能有一个共同的感受：人与人有许多微妙的关系，正确地处理这些关系，你做事会觉得得心应手。当你在工作中出错时，你的同事、上司、朋友没有指出你的错误、没有告诉你它的危害，反而拍着你的肩膀说没事，为你隐瞒了事实，这就是“讲人情”。“讲人情”在管理工作中是不允许的，甚至会使你的工作变得更糟糕。然而“人性化管理”则不一样，人性化管理虽然允许你在工作中出错，但它会告诉你这样做是错的，会带来什么样的危害，你怎么做会更好。这样既原谅了你，也让你不用时刻担心工作中出现了过错，上司怎么责怪你、同事怎么看待你，反而会使你的工作激情更高涨、工作目标更明确。

谈到人性化管理的实施，众多企业各显神通：上市公司为提高员工的主人翁精神，提倡员工入股制度；大集团公司为激励员工的创新意识，不惜拿出巨额资金设立员工创新奖项。爱立信则别出心裁，在企业内部从上到下要求员工多做自我批评，实施自我评价体

系，让员工从工作中真正感受管理人性化。

人性化管理应用于人力资源管理：从人开始，懂得人性，把握人性，拥有大爱，拥有大格局，道与术相结合，性与发相结合。企业一把手的格局与大爱至关重要，中层的管理者的格局对于部门来说也十分重要！

有一些人认为人性化了，就不能严格了，这个认知存在很大的偏差。我们都承认严格管理是最大的爱，因为严格管理中包含了你的原则性以及对事物标准的要求。

经济型交换与社会型交换

经济型交换：雇佣合同及各种规章制度所要求的范围（制度规则、等价）。

社会型交换：一种高质量的交换关系，它超出了雇佣合同与规章制度所要求的范围。

只有社会型交换才能产生诸如个人责任、感恩和信任等感情，交换的内容包括物质的、社会的和心理的利益。交换的内容可以分为三个部分：一、交换中的贡献；二、忠诚；三、感情（哥们）。而纯粹的经济型交换则做不到这一点。

存在大量的社会型交换关系，固然是好事，但很多管理者忽视经济型交换的重要性，因此，经常会发生员工全力以赴工作却因为绩效（价值或贡献）不高而遭到批评、处罚，进而影响工作的积极性。其实，在我们“成本控制型”的企业，社会型交换一定是以经济型交换为基础的，二者互相促进，互相发展。而有些管理者一味追求经济型交换，势必造成企业员工的对立情绪。

仅仅使用其中一种交换关系是不成熟的表现，成熟的人懂得如何平衡关系。

经济型交换，就是依附于劳动合同的一种关系，签了合同我来给你做事。社会型交换，就是用我们所提倡的那种义气、仗义、感情去处理关系。

比如，我在这家企业里面上班，因为你跟我之间的关系，我就认可你、认同你，把你当成我的大哥、大姐，这样我们之间是姐妹关系、哥们关系。所以上班的时候，就属于无论企业发展的好与不好，你给我多少钱都不重要，我会因为我们那份感情在这儿工作。很多企业里面，都存在这种关系。

而现在的“90后”和“00后”，一般都是“给加班费我就做，给我多少工资我就干多少活，我觉得环境不好，不开心了，我就不给你干了”。上班之前必须要签合同，这个合同哪里有问题都不行。社会型交换基本上适用于于“70后”、“60后”，他们更强调人文关系，因为他们有过共患难的时候，他们很在乎那份感情。

如果你今天说我不管什么感情不感情，我只在乎我们之间的合同关系，那你会发现，当你跟老板、领导处理事情的时候就会变得很较真，你离职的时候双方都强调合同、法律，让我们缺失了人情味。在中国是非常强调感情的，当然也不是没有原则的强调，在这方面我们一定要做到平衡。

一味地强调社会型的交换，我们也并不提倡。因为如果一直强调彼此之间的感情，你会发现这样一种现象，企业里边有的人工作已经8年、10年了，他们都成了老员工，管理者就觉得不好意思用制度、用纪律来要求他们，这个时候你会发现，大家的工作效率就会降低，所以在这两者之间，一定要达到一个平衡。我们既要守规矩，又要去讲一些情面，有时候还要注重一些感情，我们注重感情的时候还是要守纪律的。

两种交换关系一旦出现偏差，在企业管理当中就会出现一个管理难题：“钉子户”就出现了，我不管其他的，反正我愿意干就干。这个时候，企业就要搞凝聚力建设，打造企业文化，要让员工爱企业，提高合作能力。

企业的团队合作已经不是能力的问题了，要把团队合作当成素质和品质的问题。

在经济型交换和社会型交换当中加一个内容就是共赢思维，你赢我也赢，我们都会在平衡的这杆秤上达到均衡。这也是我们处理情感关系，处理我们跟企业、跟任何人之间关系的一个基本法则。

第五章

管理者的水平

第六章

告诉我们的员工

如何鉴定管理者的管理水平

一、培养的人的能力

如何鉴定管理人员的管理水平？首先就要看管理者手下的员工、培养出来的员工是什么样子的。

某公司一个职业总经理，39 岁，未婚，在这家公司工作了 10 年，她的日常工作安排得很好，日常工作风格属于耿直型，业务上找不出什么明显问题。但她有一个很严重的“毛病”——经常会在办公室发脾气“大喊”。

这个总经理带的团队共计 6 个人，其中三分之二和她一样未婚，且个个身材“臃肿”，这个团队员工最长的工作时间也有近 7 年了。

整体情商低、身材肥胖、说话直接、不顾别人的感受，这就是这位总经理培养的团队以及她留给这家企业的文化特质。这也是这个企业文化当中的元素之一。

识别一个管理者的管理水平，就要看他培养的人才如何。管理者培养的人才德才兼备，拥有好的团队精神、团队作风、团队性格、团队品质，这就代表了管理者的管理水平。就像我们国家在天安门广场的大阅兵，通过大阅兵就能看到整个中国的精神风貌。

二、建设团队士气的能力

管理者带领的团队的士气情况，也是判断管理者水平的要素之一。“新官上任三把火”，如果因为你的出现或存在，让这个团队变得更加斗志昂扬，说明你有带领团队的能力。

如果因为你管理他们，导致他们都不说话，让这个团队从有激情变成了没有激情，这其中的原因要么是你的管理办法不是在激励团队发展，要么就是你没有热情与正能量，从而导致团队势能下降。

三、解决问题的能力

管理人员遇到问题时，是推卸责任，还是敢于承担责任？一个管理人员的核心价值就是他解决问题的能力，即他的出现是否可以解决本部门、本公司发生的问题，这个价值是被人所需的重要指标。

以上是体现管理者水平的三个重要方面，所以未来你如果想成为一个优秀的管理者，就要在这些方面进行突破和挑战。

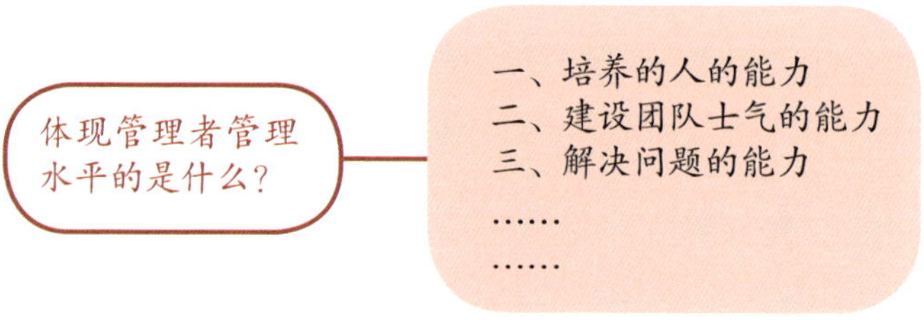

如何成为优秀的管理者

输入	输出
一个好的管理者哪里来的?	培养员工
管理者你自己有什么?	管理者能给什么?
1）被管过 2）自律 具有自我要求的人 强调自我成长的人 3）让自己有作为、才能让别人有作为 4）懂自己，才能懂别人	1）练习 2）培养思考的逻辑 3）讲价值、讲意义

一个管理者要想成为好的管理者，需要具备以下几个条件：

一、被管过

好的管理者是被系统的、严格的程序管理过、要求过的。一个没有被严格管理过的人，是不会严格要求别人的；一个学习不好的人，是没有办法教给别人学习技巧的。

例如，我刚刚大学毕业的时候，不会写公司的“通知”和“通报”，那个时候自己写一段文字大概就是几十个字，而且需要修改五六遍，浪费整个上午的时间，为此经常被领导批评。好在我自己接受批评，并不断地修改。有过这样被严格训练和要求的过程，为自己日后制定公司制度奠定了基础，体会到了严师出高徒的道理。

二、自律

高度强调自律，才能以身作则，才能自我约束，才能约束别人。强调自我成长的人，才能真正地关注、重视别人的成长。

自己首先做到，才能要求别人做到。回顾自己的过去，永远都有一句话：迟到这样的事情，从来不会犯。只有自己成为榜样，才能对员工严厉要求。

三、让自己有作为，才能让别人有作为

让自己有作为，同样是自我要求、自我设立目标的过程。让自己有作为的过程，就是让自己成长、思考、成熟的过程。这个过程是一个体验，不是道理。只有让自己有作为，才能训练别人有作为。

所以，管理者本身要是一个心智成熟的人，自己要具备做老师和教练的能力，具备丰富的知识、技能、经验，尤其是具备平衡的社会价值观、人生观、世界观等。

四、懂自己，才能懂别人

我们经常说，管理者要会识别员工，明白什么员工是好员工。管理者只有真正地懂自己，看懂自己的内心需要是什么，深度懂得自己

的诉求，懂得自己的不足，承认自己的不足，才能懂别人。

一个能懂自己的人，将会变得沉着、冷静、从容、不浮躁，也会变得成熟和智慧。

培养人素来就是一个“工程”，不是日常安排工作、教一教就可以的。下面谈一谈我带华门的心得吧。

1. 练习。

能力不是凭借道理来的，讲 N 遍操作道理，不如一个字——练。我们要能给员工练习的机会，引领员工练习。

2. 培养思考的逻辑。

在任何岗位工作地员工，如文案、前台、行政、策划、营销、主管、经理等，他们之间的差别就是思考的逻辑。如何让人学会思考、学会总结、学会想到，更有逻辑性、条理性，即培养思考的逻辑。

3. 讲价值、讲意义。

让员工负责任地工作，并工作到位，告诉员工任务的价值和意义是非常必要的，但是很多主管不屑于反复强调任务的重要性，这样是无法从真正意义上带出好员工的。

4. 培养团队的士气。

士气让团队有活力，有激情，有斗志，有战斗力。那么，怎样才能让团队有士气、有朝气呢？士气是领导人带出来的。

很多公司聘请培训师进行拓展训练，但是仅仅管用一个月，慢慢地这种“士气”就消失了。为什么呢？在这里，我着重说说领导。我们期待员工斗志昂扬，那么就要看领导人是否具备这样的特质——能激励别人，自己是一个开放的人，自己是一个智慧的人。你们是这样的领导吗？

有的领导无法激励别人，在他的带领下，让原本有斗志的团队变得没有斗志，这主要是由于领导内在的不开放，不够热情，本身正能量不够导致的，纵然日常用语言鼓励，会议经常提要求，都无法弥补这种“磁场”。

五、员工因为你的“需要”而存在

表达自己的需求是一种智慧，是一门艺术，也是一门学问。人与人之间没有什么比“被需要”更有动力了。这种“被需要”会让人有使命感、成就感，被认可、被重视。

传统的领导会想：如果我对员工表达对其的需要程度，员工会不会因此而觉得自己非常重要，并且会变得骄傲，甚至会要求涨工资？

世界不会因为你的强势、强迫、要求而依附于你，员工跟随你的真正原因是因为你那份发自内心的需要、尊重、认可，这些才令对方内心产生使命感、责任感。

你对得起担负的角色吗

你的角色可能是领导、演员、老师、丈夫、妻子，只要你站在你的角色岗位上，就要用心，就要用恭敬的态度对待。如果你无法恭敬对待你的角色，那么你就可以下台了。角色往往承担着责任，代表着荣誉。没有以恭敬的态度对待角色，就是玷污这个角色。凡事要真诚、虔诚、用心。

你是否对得起你的角色？要看你在这个岗位上、在这个角色上，是否能够去担当、负责任，更重要的是你是否能在这个岗位上为之付出，并做出贡献，甚至成为榜样。

我们很多人在自己的角色上其实并没有角色意识，这才是引发问题最重要的原因。人们把这个“角色”当成了一种任务。比如，妈妈的角色是什么？做妈妈的除了关心照顾孩子，就是能够给予孩子最好的引领和榜样。

一天，我跟一个孩子的妈妈在聊天时无意中发现，她的头发乱乱的，穿了一身运动装，跟我聊天的时候，她一直在打哈欠，她说是睡眠不足导致的。她的整个状态都非常颓废，而且人生目标比较迷茫，缺失了内在的力量。她告诉我她给孩子报了一系列的培训班。

我说：难道给孩子报培训班就能改变孩子的一生，回来就会孝顺？我们家长是最好的教科书，是最好的榜样。因为孩子经常看到的是我们。我们演绎的是什么，孩子吸收到的就是什么。

那天刚好她的孩子也在，于是我对孩子说：阿姨送你一个礼物——《用对你的爱》，这是一本书，虽然你还小，看不懂，但是没有关系，这本书是关于人际关系的，讲的是如何让我们更善良更有爱。阿姨给你签名，我们拍张照片，等你长大也去实现你的梦想好不好？

孩子频频点头，当我提及送书签名的一刻，孩子眼睛亮了，绽放出明媚的笑容。妈妈说：她的孩子很久没有这样的表情了。那一刻孩子的眼睛里同样充满了期待，充满了阳光，是被滋养的、被带动的一种向上的力量。

后来我对孩子的妈妈讲：作为孩子的妈妈，我们自己应该成为榜样。

如果妈妈的眼睛里带着不自信，没有力量，那她如何引领、带动、鼓励孩子呢？

在角色认知上，其实我们的角色意识是不够的。在管理当中，我们作为领导，每天聚焦的是业务，我们经常要求别人、向别人索取，却很少考虑自己在“领导”这个角色上真正能够给对方什么。是的，一个只会要求，不能给予的领导不是好的领导。

我们经常说要有角色认知，要有角知力与觉知力，在角色意识上带着觉知去反省自己，去提升自己，去要求自己，才能带出卓越的团队。

管理者的角色定位决定结果

	老师	领导
给予	教学生学习； 呕心沥血； 期待学生学业有成	领导给员工知识、技能、经验？ 给了员工什么？
要求	要求学生上课不迟到，学生为何服从？	要求员工完成工作任务，员工为何抗拒？
检查	检查作业，学生熬夜也要写作业？	检查工作，不提交总结报告？
考核	考试打分，学生补习班也要拿到好成绩。	领导考核员工，为何员工不满意？为何离职？为何有情绪？
奖惩	优秀三好学生 奖学金	优秀员工 淘汰
结果	学生尊重老师 恩重如山	员工讨厌领导
问题	一切源于付出、给予，正是因为老师源于教授学生，一切都可以老师检查、考核； 老师为学生成为人才，学生为自己成为人才。	请问，你给了员工什么？ 领导的起发心是什么？

管理者能解决什么问题？管理者解决的问题都是哪类问题？管理者帮助上级或者老板解决团队、客户的问题，是首要任务。现实生活中，如果管理者将“问题”推给老板做决定、做判断、做协调，就会丧失自己管理者的角色价值。

所以，管理者要明确自己的角色定位，通过老师与企业领导的角色对比，我们就会知道老师备受尊敬的原因。

管理者解决问题的能力

管理者具备解决问题的能力，是体现管理者水平的内容之一。但在企业里，很多高管、中层不具备解决问题的能力。我们经常看到这样的现象：高管、中层将问题留给上级处理，在上级提出问题时，含糊回复。对下级不负责任，无法给下级答复和支持。

高管、中层管理者不具备解决问题能力的原因主要有：一是不会，不专业，经验、经历不够；二是不思考、不研究；三是情商不够；四是不愿意，习惯性做“甩手掌柜”，遇到问题就“跑”。

某企业高管找到我，说：艳桦老师，我给了一个营销岗位副总股份，高提成，而且给了高额固定薪酬，但是他的工作结果不能令我满意：每天上班晚来早走，不仅没有引领团队好的工作习惯、团队文化，而且格局也不够，在培养人才方面也没有好的建议。

我问：那么，你为什么用他？

他说：因为目前没有更合适的人，另外他的销售能力很强，可以做销售。

我问：关于他存在的问题，你直接找他谈不就可以了？

他说：我不知道该如何谈，我也担心将他“谈”走了。

在这个案例中，大家或许会说这个高管很笨，或许会说销售副总不合格，调整到销售经理就好了，等等。我们反过来看看这位高管，作为公司的决策层，为何会出现不敢找员工谈话的情况？因为不自信，所以不敢去面对企业里的骨干、企业里的“钉子”，或者是因为自己的实力不够，不能去面对或解决问题。

很多企业的管理层面对自己的“问题解决能力”并不买账，导致工作结果不好。如果企业的管理层遇到挫折，就向领导反映，并明确告知公司决策层，就会形成习惯。作为管理层，如果解决不了上级或下级的诉求，就是不合格的体现。

安排工作需要确认

作为管理者，在给员工安排工作时，首先要员工确认：你愿意干这件事情吗？这件事情的价值、意义你理解吗？你清楚为什么这样做吗？

也就是说，管理者要确认员工对这项工作是否理解，是否愿意接受你的安排，确认员工愿不愿意跟你合作，确认员工愿不愿意跟着你干。没有第一步的确认，不可能有后续更好的执行。

我们也可以和员工确认一些细节，比如：什么时候能完成？工作过程中如果出现问题能坚持吗？这项工作完成后是你来主动反馈，还是我来向你要结果？关于任务，我们是一次性办好，还是N次办好？

管理者安排工作的时候，一定要确认，没有确认的前提，没有确认的过程，哪里来百分之百的美好结果？很多时候我们工作的结果为零，都是来自于我们前端没有确认好，因为没有确认就找不到问题，没有确认就得不到支持，所以一定要和员工确认工作。

确认看似很复杂，其实很简单，就是在你安排工作的时候，几句问话、几句强调的语言而已，但是这个是管理者的一项基本素质。作为下属，为了更好地工作，也要学会跟领导确认，不要怕领导烦，学会用归纳性的语言来说，避免产生不必要的矛盾。

为何不敢要求中层

很多领导确实不敢要求中层的员工，主要是担心员工离职。

一家公司的高管说：艳桦老师，我公司有一个销售总监，日常负责客户的维护工作，由于年龄问题，她的观念相对固化，存在很多问题，但是我不知道如何处理她，如何和她谈话，我觉得她很强大。

我说：你们谁是谁的上级？

她说：我是她的上级啊。

我说：你强大了，她就不强了。

于是，这位高管就找这位总监谈话了，回来告诉我说：艳桦老师，我谈完了，发现她确实没有我想象的强大。

管理当中，作为管理者，要坚守自己的职能，而不是猜测，要敢于当“坏人”。

老A是一家公司的中层管理者，一次，他手下的一个得力干将拿着一张报销单去找他报销。老A看了一眼便知道，这个报销单内所填的报销项目并不在公司的报销范围之内，并且数额较大。

一边是得力的、私交不错的下属，一边是公司的报销制度，老A权衡一下对下属说：“你先交上来吧，大不了老板不同意给你打回来。”

最后，不该报销的当然没有报销，并且老板了解了事情的原委后非常生气。他直接告诉老A："你这是在转嫁矛盾，这种事情本来应该在你那里就被打住了，但你直接把皮球踢给了我。我不答应，显得我作为老板很小气。可是基于制度，我又无论如何都不能答应。你让我很难办。"并且在老板看来，这件事情反映出了老A身上的一个致命问题——办事没有原则，并且习惯于把所有矛盾都集中到最不该去解决这个矛盾的人——老板身上。他做了好人，让老板来做"坏人"。

作家海岩曾经说过一句话："一个干部必须明白这样一个带有普遍性的道理，上级最不能接受的就是你怕得罪你的下属，你不得罪就要他得罪，要你何用？一旦他知道你不敢得罪人，你的仕途也就差不多到头了。"

在企业中，没有人愿意当"坏人"，有的人甚至害怕当"坏人"。因为"坏人"容易得罪人，容易丧失群众基础，容易给自己树敌，不被理解、不被支持、不被拥护。但管理是科学的，很多时候都存在应该和不应该的边界，企业也需要有人来做"坏人"，否则秩序和效率就无法得到保证。而角色和属性决定了，"坏人"只能由管理者来当，而不能由老板来当。在这个层面上，当不当坏人不是个人的意愿问题，而是管理者应该承担起来的责任。

当然，管理是科学，也是艺术。"坏人"要当，但也要当得有技巧。首先要和老板协调好关系：出了问题，老板不要出面，要通过管理者去行使职权；如果管理者激起民愤，老板要出面安抚。通常来讲，老板这个"好人"会保护一大群替他做了"坏人"的"坏人"。

老板做"好人"，管理者做"坏人"，才是良好的配合。中层领导的一个重要职责，就是配合老板管理员工。所以要懂得将"黑白脸"管理哲学用到工作上，老板要唱"白脸"，而自己则要扮"黑脸"。

管理思维的升级等于你的心升级

有一天你突然发现自己的管理思维变了，也许是你的心变了，心升级了，管理水平也就升级了。逻辑变了，思维变了，角度变了，内心也就变了！

管理者面对的最大挑战就是自己的成熟度，自己是否真正意义上成熟了：

初级管理者：琢磨如何用表格、设计测试工具、以工具带人。

中级管理者：研究专业或以情带人。

高级管理者：专业度强、相对平衡法治和人治管理。

还有一种管理者完全可以平衡法治和人治管理，强调个人的成熟度、格局、高度、素质、品牌、能力、榜样等作用，给团队带来支持和成长。这种管理高于人治和法治管理之上，是一种影响力、感染力、感召力，员工本身就是粉丝，对管理者自发的忠诚和追随。因此我们的管理者们要反思：

你目前是员工的榜样吗？

你能给员工带来什么帮助？

你个人的品牌是什么？

员工为何尊重你？

员工为何崇拜你？

员工是自发的追随你吗？

不站在员工对立面是领导的本事

人是利己的，一旦有利己想法就会自我保护，就会站在对立面去思考问题，评判别人、有情绪等都是在自我保护。不站在对立面思考问题、处理问题是一种格局、一种境界。

在互联网时代，人与人之间的关系发生了重构，老板与员工的关系不再是雇佣和被雇佣的关系，而是合作关系。老板提供平台，员工提供自己的才能与时间。因此，老板也要改变传统的做法，选择和员工站在同一个立场上。

某公司一名清洁工，本来是一个最容易被人忽视的角色，却在一天晚上公司保险箱被窃时，与小偷进行了殊死搏斗。事后，有人问他的动机时，答案却出人意料。他说："总经理从我身旁经过时，总会赞美我扫得真干净。"且不说别的看法，有一点就值得肯定——真诚的赞美能激发他人的无限潜能。

管理是被动的，激励是主动的；管理是别人要求的，激励是自己要求的。人性的特点是不喜欢为别人做事，却愿意为自己做事。如果一个管理者还是用过去几十年的管理方法来管理现代的员工，只会把员工"管跑"。企业人员流失严重，不是管理出了多大的问题，而是负激励、负能量太多。

领导讲道理不管用、强迫不管用

面对员工管理中存在的问题，大多数企业的管理方式就是培训、讲道理，你会发现要求、约束很多时候并不管用。要想更快更准确地解决问题，就要让员工自己意识到问题，自己感受到问题，自己触摸到自己的问题所带来的阻碍。

那么，我们如何帮助员工迅速触摸到问题带来的负结果、负能量呢？

> 成成说话很快、很浮躁，遇见事情就着急，朋友提醒他也不管用。于是我给他一个任务，就是让他负责大客户。突然一天，我发现：成成变了，变得稳重大方了，不着急、不浮躁了。
>
> 我问他：你怎么改变了这么多？
>
> 他说：领导，您让我负责大客户，这些客户都是企业家。我需要正式、成熟、从容地和这些企业家相处，不然人家不把我当回事，人家不搭理我啊。

是的，环境可以影响人，事情本身就在要求人。管理者只会要求是不管用的，不如直接训练。例如，一个本来穿着不讲究的人，如果让他去五星级商场逛几天，他回来后自己就讲究了。一个不讲究礼仪的人，如果让他去五星级酒店待几天，他回来就变样子了。

领导者：管自己影响别人

每家公司的岗位职责中，都会明确领导管理团队的职责。人们一直以来都将“管理团队”聚焦在“管别人”，而不是“管自己”。

过去,在物质极不丰富的年代,人们管别人的方式存在很多约束、控制，大都用制度、规则等进行管理。同时，人们的行为也同样受到约束，这源于人们选择机会的限制性。然而，今天的团队管理究竟如何做？我们想尽了各种方式和方法，但最终忽略了一点，就是管自己。过去领导者用职务、用制度来要求员工的方法，在今天已不再可行，我们唯一可以管的那个人就是——领导自己。

管自己，自己做到了，才可以影响别人。今天的“在一起”，一定不是凭借要求、威胁,而更多的是凭借“吸引力”。作为领导者，你是否具备吸引团队的魅力？在团队中具有威望和感染力、凝聚力，这将是领导者最重要的特质。过去的管理体制变得不再那么唯一，人的自我管理变得更加重要。

那么，领导者应该管理自己的哪些方面呢？

第一，管理你的格局。作为领导者，一定要管理自己的格局、胸怀，管理自己的人格，只有这样，管理者才能真正地处理、平衡、协调好各种关系。从某种意义上讲，这也是一种价值观的体现。没有正确的价值观，就不可能搭建好人际关系网络；没有正确的价值观，就不可能经营出好的团队。

一个企业的销售经理40多岁，离异，自己生活得很封闭。在一次谈话中，我感受到他非常的自我与狭隘。

他说：我不希望公司监督我。

我说：公司监督工作岗位的每一个角色都是正常的。

他说：我不习惯。

他的团队成员和他有着类似的个性：内心冷漠，对待客户“功利心态”。

这就是上级和下级的磁场相吸。

第二，管理你的行为。领导者如果不能管理自己的行为，也便失去了管理他人的权力。

某企业的人力资源总监经常迟到，他的下属也经常迟到，有一天公司的上级找到这个人力资源总监，告知他要管理下属的迟到习惯。但是这位总监在通知下属的时候遇到了瓶颈，下属直接反馈给这位总监：您不是也经常迟到吗?

这位总监哑口无言。

第三，管理你的情绪。

国内一家公司的董事长将近40岁，情绪非常糟糕，在公司开会的时候，经常“大喊”，整个楼层都听得到。公司新聘任了一名财务总监，他的办公室在董事长的办公室旁边，每一次都感受着董事长的情绪与超大声音。财务总监说：我没见过这样的老板，这样的素质。

第四，不要用自己的想法毁了员工的成长。

某公司的一个总裁说：我们的一个总监比较自私，心胸狭隘，我给他业务的权限就行了，不能给人事权。

我问：这么一个重要的岗位上，不给“对人的管理权限”，让他如何执行带人带队伍？毕竟管理业务也是由人来完成的。您内心带着对这个人的否定，如何给他权限，如何支持他的工作呢？这样的标准，不是阻碍了授权、阻碍了信任吗，同时也阻碍了这个人的成长和发展。

是的，我们强调员工素质、员工礼仪，但是如果老板做出不恰当的行为表率之后，首先导致员工不能发自内心地尊重，会引发员工的效仿学习，使得类似的行为、情形经常在公司出现。

很多企业在谈管理机制、管理方案，但忘记了管理自己，影响别人。

管理层缺失对员工潜力的培养

人才培养战略、人才培养计划中，我们更多的是通过理性的分析制订人才培养计划。那么，我们如何更深层次地感受、感知员工的潜力呢？

我自己的一个助理，非常的细心，是典型的好助理的培养对象。但是如果按照常规方向和方式培养她，或许会变得一塌糊涂，因为这个助理非常的有个性，内心的标准很多，心地善良，对事物极其挑剔。开始的时候，我想让她跟随我了解企业的管理机制，参与企业的管理支持。后来我逐渐发现，她对企业运营根本不感兴趣，于是便刨根问底，她终于说出自己不喜欢企业运营这个事情。

在以后的工作过程中，我开始观察她的爱好、她的擅长，察觉她的感受。我逐渐发现她对“技术”是有天赋的，对于沟通是抗拒的。于是，我就开始在她未被开发的方向——“技术”方向培养她。

是的，员工需要被关注，需要被发掘。日常工作中，虽然领导层更多的是安排工作、检查工作、考核工作，一旦不合格，就是淘汰，但是对于人才的培养和激发，领导层是否需要认真地盘点自己是否关注到了员工的诉求，关注到了员工骨子里未被激发的力量、能力、技能呢？

你的管理是否消耗掉了员工的潜力和能量

我们经常谈论如何培养人才，在日常工作中，很多领导却在无意中消耗掉了员工的潜力和能量。

A 公司的副总经理聘任了一个总监，在给该总监安排工作时，他让自己的秘书、主管等共同参与。慢慢地，这个总监不再有活力和创新力，也不再有主动性。

于是我问该总监：你为何这样了？

总监说：副总属于强势、控制类型的人，但是这份控制源于他的不自信。每一次安排工作时，他都让他的秘书和主管们参与，美其名曰是大家共同完成，但对于副总而言，实质只是多了一道安全防线，这样大大影响了我的主动性和成就感。

后来，该总监离职了，在一个同行业公司就职，拥有自己的团队，率领团队创造出了等于这家小公司的整体业绩。

我问：你为何在上一家公司没有取得这样的成绩？

他说：很多工作，原本我就可以发挥创造力，但是领导的压制、管控让我变成了执行者，也让我无法发挥能量和潜质。

培养人才的路径，一种是意识层面的理性培养，分析员工的优势、劣势，分析员工的职业规划，制订培养计划。还有一种就是无意识层面的“伤害”，这源于领导们的特质，导致人才直接被扼杀在自己的个性里，即使有再好的外在机制也是无意义的。

企业高管减速成长、停滞成长怎么办

很多企业的高管一旦工龄超过 5 年，就自然存在一个概率很高的事情——成长停滞或减速，这也许是人们所处的安逸环境使其思维模式持续固化导致的，这也是很多企业老板困惑和头痛的事情。如何面对这么多年的高管？这些高管逐渐成为企业的“负担”而不是建设者，企业老板一边想着如何培养这些高管，一边发出另一种心声：如何替代！

这些“老高管”是否清楚自己的角色，也是我经常提及的一个问题。在任何人的任职资格中，无论你多强，都需要有一个不能丢失的能力：自我认知能力。每个人在任何时候，都需要具备自我认知能力，偏离了这项能力，就会迷失自己，不知道自己的真实情形。

因此，一旦高管停滞或减速成长，就意味着其阻碍着团队成员的成长和组织的发展进步。那么，我们应如何面对并且有这样的意识呢？

第一，在企业文化建设中，我们除了提倡归属感、安全感、家族感，永远不能忽略成长感。一个人失去了成长，将变得没有价值。成长感应该成为一家企业尤其是老牌企业文化建设的一个重要内容。

第二，对高管们的要求，需要与企业的发展成正比，需要实时核对、实时反馈，没有反馈，人们会认为自己的现状是没问题的。

第三，新的目标梳理，人们需要目标的确认，尤其是面对目标时找出自己的差距才是重要的，并通过目标转化为自己成长的方向。

第六章

告诉我们的员工

第七章

最长情的管理告白

曲解了的“听话照做”

你如何理解“听话照做”？

为何你按照老板的指令做了，最后老板还是不满意？

被我们混淆了的“听话照做”是怎样的？

老板心中的“听话照做”究竟是什么？

“听话照做”是不是犯了“做事不动脑”的“病”？

在我们的日常工作当中，有没有人这样说：“其实我根本不理解这样做的价值、意义，然后就去做了，结果不是老板想要的，导致被骂。”我们不禁要问，在行动之前，为什么不问、不确认呢？

我在给一家企业做定制管理支持的时候，他们的 HR 经理这样问我：“艳桦老师，我们公司的员工就是因为习惯了领导说‘你只要听话照做就可以了’。这样使得我们的员工就是听话，没有了创新力，也没有了创造力，我们该怎么办？”

我的下属当中也有鲜明的对比：

我说：“小强，你去做社群主持。”于是小强就非常利落地答应了。

同样，我说：“丹丹，你去做社群主持。”丹丹会问：“领导，今晚的会议目的是什么？我需要……”她会问好多问题。

其结果就是，我发现小强每次主持的效果都很僵硬，没有创新。而丹丹主持的效果则截然不同，因为她问了、想了、思考了，所以她是带着思想和灵魂在主持。

老板让你去做，但在做的过程当中我们一定要做一个区分。“听话照做”的一个层面，就是照着老板要让你去做的内容或老板的意思去执行他的要求，不能对老板交代的任务存有逆反心理。不做、不执行、不完成，这个是态度问题。“听话照做”的另外一个层面就是照搬照抄，连问都不问，糊里糊涂地执行。不理解领导的意思，干活费力也无功，那么被骂是必然的。所以说我们不要曲解了“听话照做”，“听话照做”不等于不动脑筋，不等于是机器人，不等于傻瓜相机式的执行。

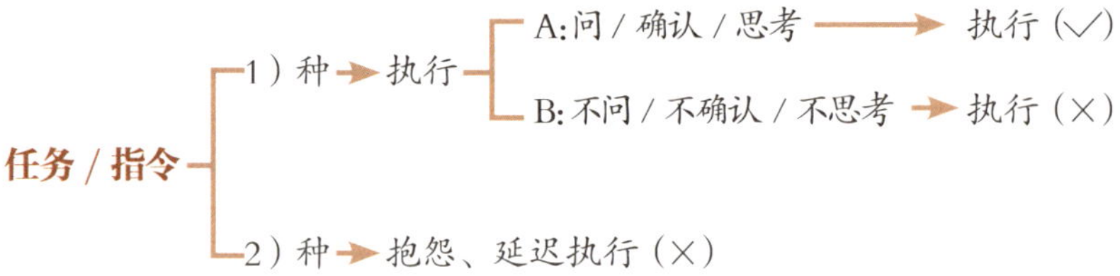

曲解了的听话照做

由上图可知，领导让你“听话照做”，是让你照着老板的指令做，不让你延迟，不让你有抱怨的意思，并没有说不让你动脑子问，也不代表你没有创新的办法。

听话照做，首先是我们的态度：不拒绝、不抱怨、不延迟。其次，执行时，要带上“心”去执行，而不是像机器人一样只执行不思考。

会“问”是水平，一定要学会问

为什么说会“问”的员工是优秀员工？

为什么说会“问”是工作水平的体现？

想“问”，惧怕领导怎么办？

想“问”，没有表达能力怎么办？

很多领导批评员工接到任务、指令后不问就直接做了，很多时候结果不是自己想要的。具体来说，员工接到任务、指令后会出现以下情形：

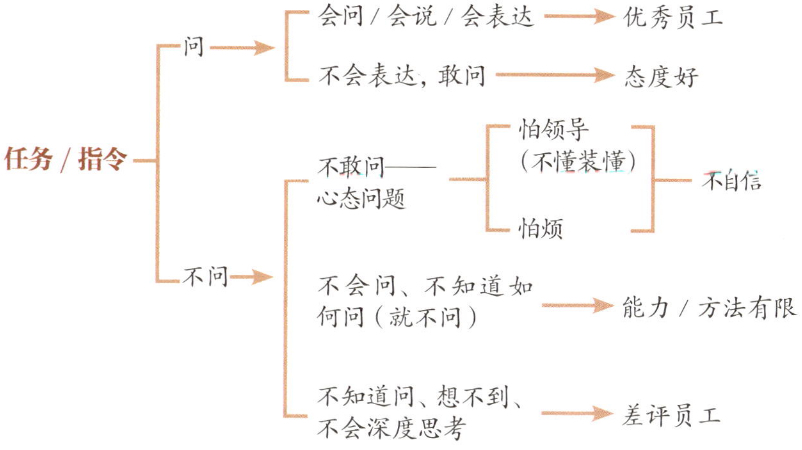

会“问”是水平

员工接到任务后第一种情况是：“问”，存在 A、B 两种情形。

A 情形是员工本身会问、会说、会表达、会确认。这样的员工确认领导意图后会带着自己的思考去执行，一般结果不会出现太大偏差，态度上属于优秀员工。

B 情形是员工本身会和领导询问、确认。但是由于个人表达能力、逻辑能力有限等，会导致自己不会问。这种员工态度是好的，需要提高能力。此类员工，领导虽然有时烦，但是领导也是喜欢的，因为这类员工具备好的态度。

员工接到任务后第二种情况是："不问"，存在 E、F、G 三种情形。

E 情形是员工不敢问，害怕领导，担心领导会烦，是不自信的体现，往往导致不懂装懂就去做了，其结果一定会导致领导生气。

员工燕子，工作踏实，认真努力，加班加点，但是经常遭到直接领导的批评。

有一天我和燕子聊天，询问她的工作情况以及工作结果和工作感受。无意当中，燕子有一句话说："刘总脾气急，脾气也大，我就怕她，所以不敢问她。"

我说："你不问，不确认，这不意味着你自己根本不知道究竟如何去做吗？这样结果怎么可能对呢？另外，你怕她干吗？她又不能吃掉你，如果你问她，她嫌弃几句，也总比干完了的事情不是她想要的结果好得多吧？"

很多人会说："艳桦老师，那我问的过程当中，老板或上级会烦或特别反感怎么办？遭到拒绝怎么办？"所以，我们要学会在执行过程当中去问，问的时候不是抱怨地问，也不是带着情绪地问，一定要带着一种真心，想从真正意义上去解决这个问题，把这个问题做得更好。

其实当员工去问领导的时候，领导嘴上说不开心，或者说了批评员工的话，但在他的内心里其实对该员工都是有一份认可的。

所以，正在职场上的我们，不要怕问，问的时候其实是意味着你在思考，问的时候也意味着你做的更有意义、更有价值。问本身是有价值、有意义的，只要用对了方式，在领导那里一定能拿高分。

F 情形是员工“不会”问，不知道如何问。这类员工因为自己的能力问题、语言表达问题，导致自己不去问，这样的结果也往往是费力也无功的。

G 情形是员工根本想不到问，没有“问”的概念，不具备自己思考的能力。这类员工往往在老板心目当中会被列为差评员工。

总之，E、F、G 这三类员工都需要深度提高，提高自信，提高自身能力，提高自身逻辑与总结的习惯。

聪明的员工会反馈

员工为何要反馈？

员工反馈的好处是什么？

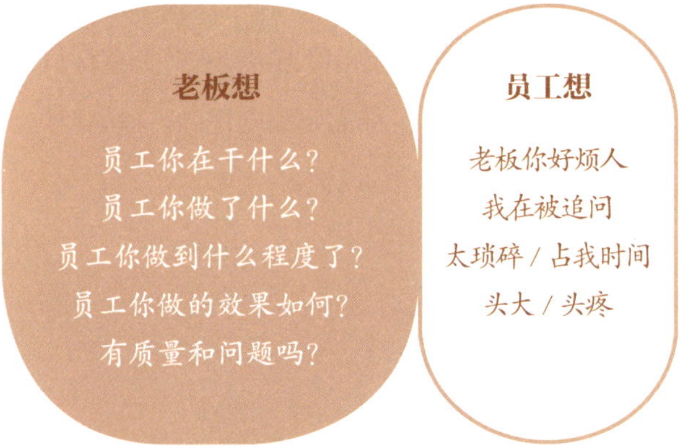

聪明的员工会反馈

员工不反馈的坏处是什么？

很多企业的汇报系统有：日报、周报、月报、年报，专题报。工具有：邮箱、OA 系统、ERP 系统、微信等。

很多老板对我说：“艳桦老师，我们有文件、制度、要求、考核，如果部门、员工不提交总结报告，我们还有处罚机制，经理级处罚 100 元 / 次，员工级处罚 50 元 / 次。但是依然不管用，而且只要提及提交总结，大家就都不愿意。”

员工对我说：“我们就不愿意做总结，小会总结，大会总结，会后还总结，烦死人了。尤其是日志，我们都觉得麻烦。”很多员工觉得自己在受压迫、很被动，这也是很多公司常有的一种现象和结果。

为什么要反馈
- 满足“东家”出资交换的需求
- 人情世故、礼尚往来的根本

不汇报的坏处
- 老板认为你没做
- 老板认为你在玩
- 老板着急生气、对你差评

老板或上级其实特别想知道员工在做什么，因为老板是拿了钱与员工交换的，上级领导的想法就是巴不得员工一天 8 个小时一直在工作，对员工工作的结果是非常在意的，甚至于老板希望听到员工的声音，感觉到员工的存在，这是上级的真实心理。很多的员工会说：“我报完日报和周报，我的领导没有给我反馈，我就不报了。”所以这个时候员工的焦点就是：“领导给我反馈，我才报，我愿意听到老板的声音。”但是事实是老板看不看是他的事，报不报是员工的事情，其实上级多多少少都会看的，也许他不是看具体的内容，他看的就是员工发来的一条信息，但这一条信息就证明了员工的工作态度。

所以，在跟领导的关系往来上，员工一定要学会反馈，反馈就等于在告诉领导自己在做，反馈就等于告诉领导自己的态度。其实很多时候，领导也是很容易得到满足的，只要员工跟他们产生频繁的互动，他们就满足了。

不懂汇报，工作等于白做

虽说我从没见过谁因为一场好的汇报而获得提拔、受到重用，但却见过不少人因为一场糟糕的汇报而失去晋升机会，甚至丢了工作。

在职场上，给老板汇报工作，是职场人最佳的表现机会，老板可以直接看到其能力。但并不是每一个职场人都能把握好这样的机会。

向上级汇报之所以尤为困难，是因为汇报的对象是聪明又强势的高管们。但据我的观察，职位越高的人，注意力时间越短。如果 1 分钟之内你不能抓住他的注意力，你的汇报就基本输给了他的手机或者干脆被打断了。

成功的汇报总是相似的，而糟糕的汇报却各有不同。通过对很多 500 强企业高管的调查及自己的经验，我总结了以下 4 种常见的糟糕汇报。

一、自说自话型

听的人已经面露不耐烦，或者开始玩手机、发邮件了，汇报的人还全无觉知，沉浸在自己的内容里，自顾自地讲。整个汇报过程就像是一场独角戏。

通常这样的人又分两种情况，一种是没办法，一种是没意识。

没办法的人其实注意到了自己已经丧失了大家的注意力，只是不知道该怎么把老板的注意力拉回来，只能在恐慌和自我怀疑中硬着头皮说下去。

没意识的人意识不到汇报不是一个单向的过程，而是一场双向的互动。他只想着把自己准备好的内容讲完，却完全没想过别人是怎么看的。

二、求赞赏型

有的人害怕汇报、看见老大们就手足无措，但也有的人汇报工作时总给人用力过猛的感觉。其实这是同一个问题的两种极端表现而已。这个问题就叫：把汇报工作当作展示自己的舞台。

对于这种试图从高管那儿求认可、求赞扬的人，我只能说，停！你想得太多了。

对你来说，你的汇报无疑是非常重要的。但对于高管们来说，他们可能需要同时处理几十个不同的信息，你的汇报只是他繁忙工作中的一小项而已。所以别太把自己当成宇宙的中心。

但事实上，你的汇报就只有一个目的，那就是帮助高管们做决策，以及你能够为他们做什么，或者需要他们为你做什么。任何跟这几条无关的信息都没有价值。

三、我的顺序不能乱型

我们通常都会为自己的汇报做准备，而这个准备好的汇报是有我们自己的内在逻辑的。然而当你在跟老板汇报的时候，他可不会按照你设想好的逻辑来。

老板的思维经常是跳跃型的，而且他们只想听自己关心的，不想陪你玩儿。当你说到第一点的时候，他可能早就跳到了你原本准备说的第 10 点，接下来又可能会绕回到你的第 5 点来提问。

然而有的汇报者却非常的执着，缺少灵活变通，非得回到自己的逻辑才能讲下去，完全不能跟着老板的节奏走。这不仅让老板关心的问题没有得到回答，还会觉得你啰里啰唆，思路不清。

这种汇报者出了会议室一定会反过来骂老板逻辑不清，而完全没有意识到你的逻辑不重要，老板的逻辑才重要。你是来陪他玩儿的。

四、只说问题、没有解决方案型

在团队中需要有能够及时发现问题，看到风险的人，但在汇报工作的时候，如果只聚焦在问题上，却不带着解决方案哪怕就是个思路来，只会让老板觉得你是来抱怨或者拖后腿的。

提出问题是最容易的，而有解决方案才是难的。如果只是把问题扔出来，你是指望老板来替你解决问题吗？

说到底，一场汇报不是为了让你显得很聪明，而是为了能够给老板更多的想法和反馈，有助于开展工作的。

今天能做助理，未来才会做领导

能做领导的助理，一般都要有想做好的意愿和服从的意识。

一、服从意识

顾名思义，管理与被管理者，一个是命令发布者，一个是命令执行者。如果管理者的话不管用、不算数，或者被管理者不服从管理，那么最基本的组织原则都将被破坏。

我们所受的教育或者一般的论调是“谁有理听谁的”，那只不过是表面的说辞罢了，谁说了算是由位置决定的，权力决定的，而非道理决定的。对于这一点，每一个员工都应该有一个最起码的认识，但事实可能并非如此。我们可能被迫服从命令，但内心并不服气，这时候就需要一个好的心态。

很多情况下，在工作方面的不愉快，并非利益冲突引发的，更多是观念冲突或理念问题引起的。理念不相容，就容易引发矛盾，那么在这种情况下，就需要有一个客观的认识和理性的对待。

理念不同是再正常不过的事情了，彼此理解最好，不理解也要彼此包容，不能彼此包容，就有一个“谁说了算”的问题。谁说了算，答案不言而喻，上级说了算。所以，缺乏服从意识，完全是自己给自己找不痛快，而且隐患比较大。

A 公司总经理聘任了自己的闺蜜来到自己公司做销售总监，原本二人对事业充满期待，希望通过努力将工作做好。由于闺蜜的关系，她们私下经常吃在一起，住在一起，称呼也比较随意。到了工作场合，闺蜜不能很好地转换自己的角色，遇到工作问题，很自然地将自己站在了“平等”角色上发表意见，导致工作不能快速执行，影响了工作效率。A 公司总经理为此很头痛。

作为下属，需要具有角色意识、服从意识，能够服从的态度，是一种接受、“懂事儿”、心智成熟的表现。

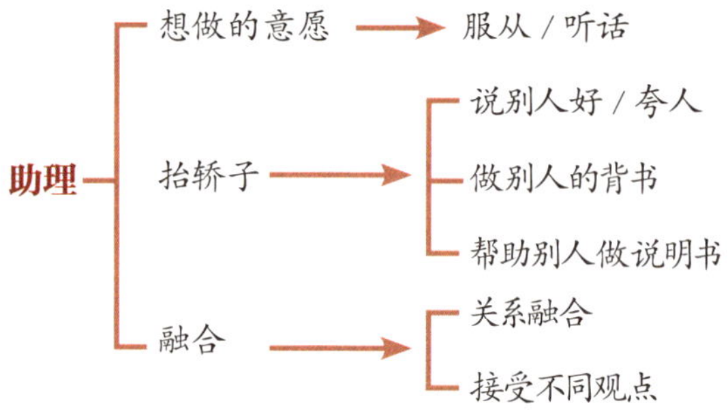

二、抬轿意识

给上级“抬轿子”，是下属的职责所在。抬轿子的比喻也许有点奴化色彩，但在这里来讲，是很合适、很形象的。上下级之间也是一个团队，即使很少有下级会喜欢自己的上级。我们有时候在有些方面容易走极端，就拿对待上级来讲，要么容易出现奴才情结，要么容易出现仇视情结，认为上级挡了自己的路。

上下级之间，正常的关系就是相互支援、相互帮衬的，对待上级，一是尊重，二是帮衬，这样才能结成“革命友谊”。拆台的行为不可有，

"抬轿子"正是体现自身价值的机会，需要好好把握。

"抬轿子"也是一种能力。"抬轿子"也是对别人的一种背书，一种营销，一种托举，擅于给别人"抬轿子"的人，自己本身就是一个相对成熟的人。

三、融合意识

有句话常说，理不辩不明，而事实上，有些事情根本就不是用来说的，而是需要实践的。与上级沟通不畅，出现分歧与偏差，其实在大多数情况下，只是出发点和角度不同而已，目标是一致的。所以在这种情况下，我们不考虑上司的想法，一意孤行，自己就不会有好结果。

完全按照上级的要求，不折不扣地执行，又行不通或者引发新的问题；跟上级去解释沟通，又没有什么效果，这种情况下，我们该如何行事，是考量做下属的职业素养的关键。

在这种情况下，我们就需要讲融合意识，也就是整合不同的思想观念，重新聚焦于目标的一个过程。为什么这么讲，我们跟上级意见不一致时，就会起分别心，把焦点和注意力放在试图证明谁对谁错上面，一旦上级通过权势压人，做下属的一方面觉得委屈，或者认为自己很正确，另一方面又不知该如何应对。此时，最危险的举动，莫过于跟上级斗法，这于事无补，且发生了目标偏离。

所谓融合意识，就是把我们的视觉重新汇聚到我们期望的目标上，方式可以不同，目标必须一致。有分歧的一定是方式上的，而非目标上的。为了达成目标，我们需要选择最有效的方式进行，这方面要多理解上级关注什么，然后将方式进行包装，就可以往下执行了。

分歧和矛盾只是方式不同而已，而“条条道路通罗马”，方式又是最不重要的，所以我们需要聚焦目标、求同存异。另外，仅有自己放下是不够的，上级有关注的地方，我们需要包装以迎合之。作为一个称职的下属，需要做到这样几点：一是行事符合事理，以便求得成功；二是行事符合情理，以便求得诸方满意。行事成功，让人满意，做到这两点，自己也就会有一个好出路，职场前景不言而喻。

此外，如果你或者你身边的同事喜欢不时地评论上司的不足，或者你认为你的上司不如你，那么，我建议你最好认真地阅读以下内容：

作为下级的你没有能力评价上级，上级领导的岗位是上级的上级确定的，是按照岗位职责的需求寻找合适的管理人员，同时作为你上级的上级领导，他的判断能力应该远胜过下级的下级的你。

如果你的上级，无论下属怎么评价，但他每年都能够及时完成自己的绩效管理的指标，应该说明他是优秀的，所以说，茶余饭后的闲聊，只能当作打发时间的一种方法，不能作为判断的依据。

看人的角度要全面客观，我们很多人习惯拿自己的优点和领导的缺点对比，就是领导真的有些缺点，但这些缺点不影响其在工作的发挥，这类缺点不能作为管理者的缺点。其实，现实生活中的今天，每个人的性格、受教育的环境、成长的经历都不尽相同，所以说，我们只能用积极、客观的视角评价你的领导，这样才有意义。

领导喜欢的优秀员工的特质

忠诚度、认真、严谨、细心、负责任、懂事、处理问题的能力、思考的能力……

这些词简单，你为何做不到呢？

不愿意接受。

不愿意认同。

考虑自己的感受。

考虑自己的价值观。

很多职场上的伙伴们，其实是非常关注这个话题的，内心也都想能够在最快的时间拿到高的职位或者是满意的收入、满意的工作环境、更好的发展空间，这是每个人的想法和愿望。

过去人们更多的是想从老板那里要到一个更好的职位。事实上，其实在企业和员工之间本身就存在一个莫名的，或者是本质上的真实的交换关系，即老板付钱，员工工作。那么在这个过程当中，其实从人力资源的角度，它必然会存在着一个问题，就是人力资源建设要培养人。既然存在着用人和培养人的事实，那么我们如何做一个好员工？如何做一个好下属，就成了我们每一个人确实需要思考的问题。

实际上，当员工在一家企业工作，企业首先看的是员工的态度，其次才是员工的能力。没有能力的人，是不可能完成工作的，但一旦员工的态度使领导产生了不安全感，就是员工的工作将要出现变动了。

我有一次给一个企业做管理支持的时候，需要给一个技术岗位做岗位职责的梳理，我就问该岗位的员工："你的工作职业规划是什么？你最擅长的岗位是什么？"他说："我最擅长的岗位也就是相对于我最熟悉的岗位，就是当下我正在做着的技术岗位。"后来我又问他："那你最喜欢的岗位是什么？"他告诉我说："我最喜欢的岗位是市场、商务这样的岗位。"我问他喜欢这类岗位的原因，他说："做到这个岗位的时候我可以外出，我可以自由，我愿意去处理更多的关系。"我说："那你未来呢？"他说："未来我就想去创立一个自己的公司。"

后来我又剖析他的特质，他最大的一个特质就是情绪和情商。后来我就跟他说："你有一个部分非常的躁动，你的躁动会为你的工作带来不够好的结果。"

在上述案例中，在这个职位上，老板会真正意义上培养这个技术岗位员工吗？老板怎么培养他？首先，在这个技术岗位上，老板看到的就是该员工当下的特质：第一，并不适合现在的工作岗位，是员工自己内在的一个特质。第二，员工的心态其实也不在这个技术岗位本身，这就使老板产生了一种危机感。所以，老板不会真正意义上培养该员工。

一家公司在招一个高管人员，招聘经理问老板："您能告诉我这个岗位人员的招聘标准吗？"老板给他的答复是："不要找一个太强的，也不要找一个太弱的。太强的会太有自己的想法，不可控；也不要找一个太弱的，太弱的就意味着他不能去完成一些工作内容。"

上述案例中老板的概念是什么呢？不能太强，也不能太弱。这里面强调的核心就是听老板的话。不能太强就是一定要听老板的话，不能太弱意味着要有完成工作的基本能力，这就是老板的标准。当然老板也可以告诉招聘经理，我要找一个工资在 8000 ~ 10000 元的员工，或者要一个有 5 年经验或者 8 年经验的就可以了。这个时候招聘经理就会明白，从能力和经验上来讲，这样层级的人就可以了。但是老板一般不会这么说，此时招聘经理就要读懂老板的真实意图。

由此可见，其实老板也是要有安全感的，就是他能不能管得了员工，员工能不能在他的可控范围之内。但这并不是说员工要在企业里面去弯腰或者去装老实。

无论是员工的价值观、忠诚度，还是员工与老板的心态，这些都是非常关键的，所以在这个过程当中，与其说员工要在企业里做一个好的下属，不如说要做一个好的搭档，能够支持企业的发展。

另外，员工要给上级一个可以培养自己的理由，第一就是品质。因为如果员工人品不好，上级把所有的工作都给员工之后，员工也没有办法更好地拿这些东西去实现更好的价值，所以一直在强调人的品质的问题。第二就是能力，能力是要循序渐进地提升的，是需要过程的。如果有一天我们自己没有得到领导的重用，我们一定要思考，究竟是我们的品质态度没有得到老板的认可，还是我们的能力没有得到老板的认可？

我们经常说，员工的态度是可以秒转的，它只在于员工自己的一个决定，员工可以瞬间选择一个态度。在今天的社会、职场，也许我们内心都会有情绪，我们对企业、对领导都会有不满意，能力我们把控不了，但态度是可以把控的。

会“用心”的员工让人爱

为何你做不到“用心”？

为何领导总说你“不够用心”“不够细心”？

如何做一个会“用心”的人？

为何你就“想不到”？

一切的用心都源于你有需要，你需要爱别人，你需要被爱。这些都将产生你的诉求、意愿。

用心不是源于“被迫”去重视对方，才能做到，而是自己内心有诉求。

有一次，我无意中提到要去北京雁栖湖会议中心开会，提及别人发来的停车证图片，会议接待方信息内容是：打印出来，直接放在车前即可。那时已是晚上7点，我听到助理梁双给她的一个朋友打电话说：“我发给你一个图片，你帮我打印出来。”我坐在旁边，心想：“这小家伙，原来是帮我打印车证呢。”实际上，我是没打算打印的，想次日直接给停车中心的保安看微信即可。但是助理想到了，在我没有安排的情况下，就自己安排打印了。我的内心深处是暖暖的，感受到她的贴心、细心，感受到她“用心”的极致。

还有一次，助理梁双送我回家有些晚，送我回家后她自己就回去了。或许因为累了，后来我才知道，她自己在我家附近订了个酒店住下了。第二天，我们约好的 12 点接我，在 10 点的时候她告诉我直接订了餐给我。节约了我的时间，这真是意外。

助理梁双，每次订好的时间，她都会准时到。每次她只会告诉我："您直接告诉我事情即可，其他的事情，我自己去想办法。"如果你问她，为何愿意，她说："我想的是学习。"是的，她想要的是学习，这也是她的诉求。

小伙伴们，也许你无数次都想做一个好助理、好下属，很多时候却做不到，是因为你不喜欢，还是你的诉求不明确？当然了，这其中，关系经营一定是双方的。

另外，大家看到恋爱期间的人，都是最会"用心"的，因为他们都想要表现，以获得被爱或者被认可，因此他们能够创造出诸多浪漫的情景。你一旦愿意，就会看得到、听得到、说得到、做得到，人们往往不是没有办法，关键是是否愿意"用心"。

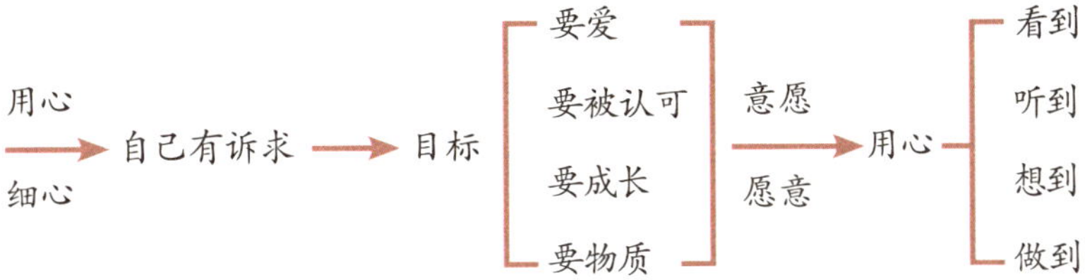

用心的员工

和领导的“距离关系学”

每个人都想着，如何和领导的关系更近呢？

每个人都在思考，如何处理“上级关系”？

实际上，员工和领导的关系没那么复杂，但需要注意以下方面：

第一，汇报就是反馈。

员工和领导的关系主要是汇报工作。员工及时汇报是最好的工作相处方式，也是最需要的相处方式。很多上下级关系的相处障碍就是员工的工作汇报做得不及时导致的。工作汇报，可以让领导更了解员工的状态。

第二，“废话”多。

“废话”越多，领导越“烦”你，证明互动越频繁。很多人发愁和领导没话说，是因为只是把领导当作“领导”，但领导也是人，他也需要问候、关心、安慰、关怀。

第三，幽默的能力。

每个人都想做到幽默，因为幽默能让别人开怀大笑，能让别人因为你的存在而变得充满正能量。在与领导的关系中，如果员工是个“开心果”，幽默感就更好。怎么变得幽默呢，也就是如何让自己的语言更有魅力呢？最简单的一个方法就是：让自己变得更阳光，更通透，更丰富，更快乐。一个内在快乐的人，总能给别人快乐。

第四，能处理更多的工作。

如果一个人能超过自己的职责本身，为别人做更多的事情，使自己被需要，这也是与领导关系相处的一个重要方面。

给一个“涨价”与跳槽的理由

每个职场的小伙伴都希望自己获得更多的薪酬福利作为回报。每个领导都想自己支付的成本得到更加平衡、合理的价值作为回报。

因为涨工资问题，会引发双方的问题：

工资涨了，员工很开心，但是领导将会提出更多的工作要求。

工资没涨，员工会有情绪，不再积极、主动，甚至会辞职跳槽。

工资本身就是一个交换的关系，员工要给领导一个涨工资的合理的理由。大家通过这个图，可以看到领导的心里在想什么，在什么情况下才愿意给员工涨工资。

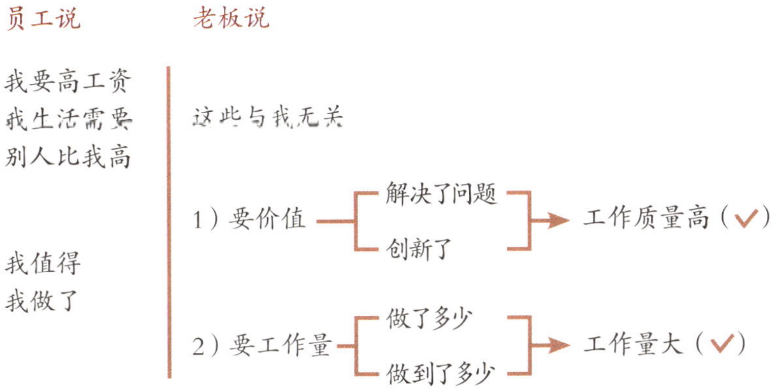

给“涨价”一个理由

人生就是创造自己的价值，我们要问自己：我的价值是什么？我为朋友贡献的价值是什么？我为企业贡献的价值是什么？

“跳槽”解决不了你的内在

跳槽这个问题其实对于今天职场上的伙伴们，已经不稀奇了。随着现在“大众创新、万众创业”的兴起，有更多的人去创业，跳槽的概率就会更多。

首先是允许大家跳槽的，为什么呢？员工在一家公司如果工作了10年，也许其逻辑思维已经固化，所以在这样多变的社会里，换一下环境、换一下系统也许对员工是一个很不错的成长和学习的机会。另外从工作上分析，每一家企业都会有一个试用期，试用期时间一般如下图所示：

试用期意味着“恋爱期”、磨合期，是双方相互了解、相互融入、相互接受的过程，也是个人的展示期，员工要把个人最好的一面展示

岗位	试用期	原因备注
前台文秘、助理、司机、基础技术、设计等	1个月	岗位工作内容容易识别、判断
主管、经理、总监、高级技术等	3个月	1. 基础工作内容涉及流程多 2. 涉及管理工作 3. 专业度要求高 4. 情商力要求多
高管、副总等	6个月	需要深度融合到公司的人文环境，理解公司

给企业。员工到公司半年，叫作融入，员工已经在了解的层面上慢慢地去理解它、适应它。当员工在这家公司一年的时候，也就是了解、理解它了，员工慢慢地开始创造工作成果。如果是基本的岗位，就开始了工作流程；如果是经理以上的岗位，就开始拿工作成果了。岗位级别越高，适应工作的时间越长。第二年的时候，员工应该是熟悉、创造的一年。但是很多人不能接受公司的诸多问题，便开始跳槽了，这表面上看是员工很浮躁，但同时也代表着员工适应能力、融合能力、接受能力、沟通能力、工作能力、解决问题的能力不足。第三年，员工在这家公司里又变成了熟悉，带着这样一种工作的熟悉和了解，继续创作。三年以后的员工叫作老员工，老员工就会出现懒惰，因为人在职场第一年和第二年是有激情的，到第三年慢慢地就会处于一种平稳阶段。

我想提醒大家，当你在换工作的时候，你的浮躁都会写在你的脸上，你的浮躁都会体现在你的磁场和你的气场里边。你一旦频繁换工作，就意味着你在躁动，你内心一旦躁动，你就会带来那样的一个磁场。所以，跳槽的问题一定要想清楚，你跳槽的目的是什么？在过去的企业里边，你是不是真的面对困难、挑战？我们人生当中如果曾经为解决过一个问题感到骄傲和自豪，那对你来讲是最成功的。如果我们能够在人生当中不断地去挑战，解决我们遇到的各种问题，我想最终就会变成我们具备解决问题的能力，也会成为我们的实力，在职场路上我们就会有更加顺畅，而且能够不停地得到发展。如果在问题解决上我们每一次都停下来，我们又何来成功呢？坚持也是一种成功。

职场中遇到问题在所难免，这是一种司空见惯的现象。然而有的人碰上这种情况，就会以“工作不顺”为理由马上跳槽，希望下一份工作可以使自己称心如意。殊不知，一旦这么想，就很难有出头之日了。

别指望跳槽能解决你的内在问题。人在职场，外部问题少，自身问题多。也就是说，职场上大部分问题都不能通过跳槽来解决；说句通俗的，性格决定命运，很难通过跳槽解决；内部问题更具决定性，攘外必先安内。个人问题没解决，跳槽再成功，也是坑新东家而已。

第一年	磨合、适应、了解、理解、挑战、尝试	接受、挑战、新鲜感（新员工）
第二年	创造、发挥、结果	开始有自己的想法、有激情
第三年	深度感受、创造、结果	开始懒惰、出现抗拒（老员工）
第四年	个人发展、创造、结果	疲惫、抗拒、情绪

与工龄有关的发展变化

前些年常会看到一个短语：政府搭台，企业唱戏。政府为了吸引企业入驻，提供了各种优惠激励政策……但是，最后能不能盈利，还要看企业自身。跳槽也是如此，它能一定程度上解决的是人才发展的外部问题：

☆薪资福利

☆职业发展资源（技能知识的提升、靠谱的上司、合适的发展路径、培训机会……）

☆职业平台资源（人手、经费、平台规模、品牌……）

☆家庭诉求（工作生活平衡，离家近……）

跳到更好的公司，我们就可以愉快地奔上“康庄大道”吗？

很遗憾，不能。就算你跳槽再成功，你的个人问题，尤其是制约你在职场上发展的个人问题，依然会制约你，使你浪费掉大好的外部资源。

关于不要逃避问题的鸡汤谚语网上满天飞,原因无他:逃避问题，深藏在我们的基因里，我们的祖先在遇到猛兽时，逃避是最好的生存选择，他们存活下来把逃避的基因传给我们。如今在职场上遇到问题和压力时，我们自然会如同祖先一样，第一反应就是深吸一口气，看看哪里可以逃。

但是，如果你选择用跳槽来逃避问题，那么很遗憾，问题依然会如穆托姆博的大帽一样飞来——越躲越吃帽。

接下来如何是好？接着跳槽？我曾专门分析了频繁跳槽给年轻人带来的问题。

有个小伙伴当我是“树洞”，私信给我抱怨同事待他不好，领导待他不公，所以要跳槽。我回问了一句“是不是你自己的问题”，他说：对啊，我太软弱太好欺负，生命以痛吻我，我以歌报之。回想大学时候，同学也和我撕逼，没有朋友……

孩子，你自带绝交属性尚不自知，吟诗再棒，跳槽再多，也没用啊……

自我审视一下，哪些是你的弱点，哪些你可以接受，为了更好的职业发展，哪些问题你必须解决？这里提到的不能靠跳槽解决的职场懈怠感，实际上是与个人的角色定位、个人性格特质以及职场动机紧密相连的。

最后送给各位小伙伴几句话：

如果你希望通过跳槽来解决问题，或者追逐自己的职业梦想，记住，跳槽不是你成功逃避问题的终点，而是你解决新问题的起点。逃避问题，人人都会，但只有面对问题、解决问题才能成就我们的职业前途。

致依然在挑选企业和领导的伙伴们

在很多的面试过程当中，我经常会问应聘者一句话：你希望找一个什么样的企业？

应聘者内心深处憧憬的企业有很好的工作环境，比如说：能够在 CBD 中心；旁边能够有很好的工作环境，有着咖啡吧、读书吧、休息区等。

我问应聘者：你希望有一个什么样的领导？

应聘者会说：我希望能有一个能给我支持的领导。

我问应聘者：你为什么离开原来的企业，或者说离开原来的领导？

应聘者就会有很多说法：这个企业不好，没有发展，或者是说这个领导很自私、没格局、不专业等一系列的问题。

后来我就会问：大企业和小企业对你来讲，你更关注的是什么？

究竟是要去一个大的公司，还是一个小的公司？首先影响我们的是自己的感受，你能不能在那里找到适合自己的土壤，你能否在那里发挥价值，这个才是最重要的。所以我们选择企业，往往关注到对方是什么样子的，说你好我就愿意跟着你，但是我们是不是想到了我们当下的能力和状态？或许很多人会用跳槽或者用培训来解决个人的学习和成长问题，其实我们真正的学习和成长是在日常工作当中的反思、总结，这才是我们成长最快的一个路径。

在挑选企业和领导的时候，没有考虑到自己是不是也要去融入对方、接受对方？当然这个内容不等于我们去妥协，也不等于丢失了自己，而是真正的成熟，就是你能够去接受、看待更多的事情。如果你今天能够接受更多不一样的领导风格，在他们不一样的风格当中，都能够游刃有余，甚至于让自己有新的做法和看法，就意味着你的成熟。所以我们在挑选企业的时候，要挑选自己喜欢的、热爱的，符合自己价值观的，否则就可能会出现跳槽。

每一个企业都有其不同的问题，每一个地方都是有问题的，这个我们必须要认同，必须要承认。你只要承认了每一个人都不是完美的，每一个环境都不是完美的，每一个画面也许都不是完美的，每一个企业都是有问题的，你能够去承认这个问题的时候，你才能去正视它。

无论是什么企业，我们如何在自己的工作上做得更好，如何能够提高自己的能力，拥有我们的实力，态度是不能变的，你的态度必须要摆正。

如果我们不长大；

如果我们不成熟；

如果我们不能接受、包容、理解、支持、贡献、付出；

我们就会面临着每一次都是短择。

职场先定位

一般来讲，人们听到“职场定位”都会觉得很麻木，这是因为我们一直都没有脱离这个话题，在人们的日常工作当中，很多的人其实都是很迷茫的。

一、找到自己的擅长

刘蓝是一名建筑设计师，大概工作了20年的时间，应该说这是他的“饭碗”。但是因为自己喜欢，他又开始做水彩画。有一天无意当中去交流，我就问：“你为什么要做这个？”他说：“我非常热爱这样的画，另外我的擅长就是审美和创意，创意和审美以及对这个画的喜欢和热爱，这是我做这件事的原因。”

我问：“你的画市场价位是什么呢？你的客户定位呢？你的优势是什么？你的客户资源哪里来？你的经营模式是什么？”

对此，他全然感到混乱和茫然。

其实在我们的工作当中，我们是怎么迷失自己的？就在于我们过多地聚焦于自己喜欢的，忘了我们真正擅长的是什么，把一个领域的擅长错位到其他领域的擅长。

擅长审美和创意，不等于擅长经营。其实这里边不单单是一个创作、买卖、销售的事情，还多了经营模式。这个朋友是技术人员出身，但是他现在正在做着一个领导，营销、销售是他需要解决的问题。所以对他来讲，这些事情就变成了很辛苦的事情，因为过去靠着他的审美设计就好了，他只需要做好一个技术人员，但是今天他需要具备综合的领导能力。

那么，你在挑选新的事业的时候，不要只想着自己热爱的，忘记了自己真正的优势，自己是否已经具备了经营这件事情的能力，这个才是背后的本质。如果你不管适合不适合，都要去做这样一个尝试、挑战，那你就要为这样的挑战学习，做好充分的思想准备，这是很重要的。如果我们忘记了自己真正擅长的是什么，你会发现职场上的很多人，慢慢就会不愿意跟你干了。无论是我们的人生规划还是个人的职业规划，一定要找到自己最擅长的，找到擅长之后去剖析做这件事情背后需要具备的能力和实力是什么，否则在这条路上你就会遇到很多的坎坷。

二、职业定位

在我们的职业定位上，尤其是刚刚参加工作的小伙伴们，能够真正找到适合自己的工作，其实是非常关键的一件事情。

某公司的研发副总，在行业领域里边非常有名气。他有名气的原因是个人品质好，而且研发技术特别好，年薪能够拿到百万，后来又读了博士。但是他自己总是不能满足于现状，后来又找人创业，连续两次创业都失败了，原因是他不太适合经营人际关系，尤其是跟团队的这样一种关系，他确实是属于技术型的典型人才，但创业还需要有企业家、领导的运营思维、经营思维，仅有高超的技术是不够的。

通过上面的两个例子，我们发现，一定要找到自己的擅长，全面剖析自己，比如自己的情商、真正的优势、真正的短板等，从而决定我们的职业定位。

另外，除了从岗位的性质做区分，还有职场上的定位。我们永远都在操作层，每一个人都想得到更高的晋升，但是你会发现很多人依然在基层工作，原因就是我们的定位出现了问题，没有朝着我们的目标去发展，所以我们一定要有最终的职业定位，比如说我们未来在职场上做到了职业 CEO，或者做到岗位上的总监就可以了，这个目标是很重要的。

你是怎样走下坡路的

为什么你从开始的热情、激情到没有了动力？是谁偷走了你热情？热情哪里来的？为何试用期要求能接受，转正后要求有情绪？

个人原因	企业原因
没有了目标，没有追逐的目标，没有自己的目标	和员工谈得不够深入。没有将员工的个人目标激发出来。每个人未必都具备规划自己目标的能力。很多时候是需要别人帮助引发的
开始挑剔	员工一旦挑剔我们，证明企业、老板、领导也不够强大，不具备屏蔽、解决员工“挑剔”的能力。 我们是需要让自己强大的
人的奴性、被要求	人天生都是有奴性的，从奴隶社会至今，军队有军规，学校有校规，企业有企业规则。企业需要建立完善的规则体系，来规范员工的行为
走下坡路，能力无法支撑你的梦想，心里无动力	人们有时在不知不觉中失去了自己的梦想、热情，因为遇到了阻碍，遇到了困难，甚至人们不具备实现任务或目标的能力，慢慢地激情就被消磨掉了

不要总是推卸责任

你是一个勇于承担责任的人吗？

什么是真正的负责任？

我们先来看看下面人们对任务的选择：

主动要任务	出现后果，主动承担	人生寻求个人价值实现，主动要任务，主动展现，通过努力，实现价值，体现能力，寻求高度被认可。同样，出现后果，也主动承担，内心依然需要被认可，个人追寻正能量，不做“伪”人
主动要任务	出现后果，主动承担	主动要任务，“孔雀开屏”型，只想要最美的，不要坏的
被动要任务	出现后果，主动承担	嫌麻烦，不主动要任务，一旦有了任务，出了问题也会承担
被动要任务	出现后果，不主动承担	嫌麻烦，不主动要任务，且出现了后果，推脱责任

推卸责任的表现：

第一，解释理由；

第二，这不是我干的，这不是我的注意。

为何推卸责任：

第一，这个事情不是自己做的；

第二，害怕承担后果，被处罚；

第三，害怕承担后果，没有面子，没有尊严，被看不起。

以上都是不自信的表现。

怎么才能不推卸责任：

第一，个人要强大；

第二，个人自信了；

第三，不怕失去了；

第四，不在乎别人的看法、想法；

第五，上级主动承担责任，做下级的榜样。

身在职场，需要点真本事

人不管是在生活中，还是在工作中和社会交往中，都需要有自己的一技之长，即能力。在漫漫人生路中，我们需要点真本事。

人需要点真本事

- 方向、目标、定位的本事
- 做人（素质）、懂事儿的本事
- 专注、专业的本事
- 解决问题的本事
- 说（水平）的本事
- 做（做到）的本事

这个“本事”在人生不同阶段，有不同的表达。做人要有素质，即说到做到，看似简单，实则不易。

唐京京组织了一场会议，请他身边相对亲近的朋友去参加，当时微信群里接龙的有 20 人，结果只去了 4 人，大家以各种理由表示临时无法参加。因为提前需要邀请嘉宾、预订酒店，以及餐饮，甚至是场地，所以这个过程中，需要支付人情，需要按照人数支付费用的预算等。由于人数相差甚多，导致唐京京自己内心很失落，也产生了一些损失，并且活动组织得不是很热闹，使其对以后的活动组织也失去了信心。

这个案例中，我们看到，有时“失望”比“没希望”更可怕，如果你给不了、做不到，就不要“乱”给希望，一旦给了希望，就要努力承诺做到。

如果人生中，你每一次都能说到做到，坚信我们的人生经营得就不会太差。朋友中说到做到，工作中说到做到，客户那里说到做到。说到容易，要做到会面临挑战、困难，但我们不能畏惧，要挑战我们的心性、模式、品质、坚韧等。

此外，我们还要有专注、专业的本事。什么是专注？就是你的精力、精神、思考全部专注于一件事情上。一般而言，我们很多人很难专注于一件事情。以我个人的体会，做企业管理，我是认真的、严谨的，一直以来，我是带着体会、深度思考、研究来做的。

因为专注，我对企业管理有着深刻的体会和认知，以及深度理解人的个体、组织的特性，乃至管理和营销，深度对情感的体验，包括《用对你的爱》一书中提及的情感是需要经营的，经营是需要管理的，管理是需要能力的。因为将情感经营融入管理当中，这是专注的结果，对一个领域有深入解剖，你才会说他／她专业，最终成为专家。如果你今天不能专注于一件事情，那基本不用合作，因为即使合作也是没有结果的。

执行力差，谁来承担责任

员工执行力不够，有什么样的表现？

接受上级布置的工作任务不爽快，拈轻怕重，挑肥拣瘦，借口推脱；

遇到无力解决的困难或需要请示的问题，向上级报告不及时，或认为报告上级就了事，不催不问，出了问题，推卸责任，甚至不报告不请示；

工作遇到困难，总是依赖上级或他人，自己不动脑筋去克服，甚至打退堂鼓；

在出现不良结果、错误结果时，习惯于解释，找借口，或归罪于他人，不检讨自己，不敢承担责任；

……

作为管理者，你是否对员工的这些行为感到愤怒：

面对任务时不爽快，推三阻四，挑肥拣瘦；

交代的事情，已经明确给出了要求，却不能保质保量地完成；

工作积极性不高，不愿多贡献，领 1 块钱的工资，决不干 2 块钱的任务量；

自己操碎心，员工却不主动思考，即使有问题，你不要求改正，他就视而不见；

……

这是一个移动互联网的时代，这是一个“80 后”“90 后”甚至“00 后”的时代。在全新的时代，你仍然绕不过一个词——执行，因为执行就意味着结果，意味着活在当下，意味着把梦想变成现实。

然而，很多人存在一种误区，一味地强调“无条件服从”“没有任何借口”“心态决定一切”等“心灵鸡血”，表面上似乎是在积极抓执行，但长此以往，企业的执行力反而下降。这种所谓的执行力，绝对不是真正的执行力，我称之为“虚假执行力”！

生活中有四种常见的虚假执行力。

第一种虚假执行力：无条件服从——只强调员工“服从”，不强调员工的智慧。

很多人讲执行力，很喜欢强调员工的无条件服从。这种观念是OEM(代工生产)制造业时代的产物。实际上这是一种基于“规模制造”的虚假执行力，其本质是把人当成了工具。而现在与过去的不同在于：

过去OEM时代，强调员工无条件服从，目的是进行机械化大生产，规模效益；

现在是品牌创造时代，强调要激发和运用员工的智慧，目的是关注消费者，提供个性化的独特价值！

第二种虚假执行力：没有任何借口——只强调员工责任，不强调领导者责任。

“没有任何借口”是前些年很流行的口号。这个口号在军队也许很有价值，但在讲究品牌与创造力的今天，“没有任何借口”就是一种虚假执行力！

为什么？因为“将在外，君命有所不受”，让人把“借口”讲出来，也许正是我们改进工作、创造价值的地方。有句话说得好，“问题即机会”，但“执行力”已经变成了领导者的首选借口，如果公司做不好，一句话就推得干干净净——“执行力不行”。于是，我们常常听到这样的话："公司战略是没有问题的，就是执行有问题。"

这句话表面上没有问题，但如果认真分析一下，就有问题了。

拿学生学习打个比方。很多家长都会说："这个小孩不认真读书。"那么，小孩为什么不认真读书呢？家长会说，他们其实给孩子制订了一个计划，给孩子构建了未来，战略没问题了，就是小孩执行力不行。

看起来好像没什么错，但我们都有切身体会，知道孩子不学习，是因为不想按家长提出的计划学习。换句话说：家长常常忽略了自己的责任，即尊重孩子，让孩子自己做计划。清楚了这一点，再去谈孩子的执行力。执行力的天然结构是不能切割的。

我们过去在强调员工执行力的时候，其实强调的是，"不管黑猫白猫，抓住老鼠就是好猫"。因此，领导者不需要多说什么、做什么，考核就行了！发奖金就行了！这是一种什么逻辑？！执行不是简单地让"敢死队"冲锋，这套逻辑的背后，是执行力的误区：我们过分地强调员工的责任，不强调领导者的责任。

第三种虚假执行力：集体利益高于一切——只强调团队利益，不强调个人利益。

虚假执行力的第三种表现，是强调在团队执行时，提倡所谓的"集体利益高于一切"，却不强调个人利益，更不强调个人利益与团队利益共赢的团队文化。

这样的结果是：时间一长，大家都反感集体，觉得被集体愚弄了。

为什么会感到被愚弄？因为个人永远是商业的出发点，或者说，每个人参与商业活动，首先考虑的是个人利益，然后才是集体或团队利益。所谓的市场经济，就是一种制度设计，让个人追求利益的时候，他人利益与社会利益同时得到实现。

我们要明白一个基本点：现在很多公司都在讲团队执行，把团队抬得至高无上。这表面上没有错，但认真去看，会发现背后有很大的问题：在强调团队的时候，这不是真正的团队精神，也不是真正的团队管理！真正的团队是什么？

问自己一个简单的问题吧：家庭可以说是中国最好的团队了，那家庭是如何形成的？我们过年为什么要回家？清明为什么要回去祭祖？为什么要参加婚礼？为什么要给老人祝寿？

请问，家庭只不过是家庭中的每一个成员，基于血缘关系的一种利益认同。大家相信，每一个人的付出，都会得到其他人同样的回报，这就是家庭文化，家庭凝聚力只是家庭文化的一个体现而已。

所以，真正的团队是什么？

只有让一个员工内心对团队有真正的归属感，感到团队的强大就是个人利益的强大，这个团队才是他的团队。

如果我们内心没有归属感，利益没有实现的渠道，对公司有不同意见也没有办法反映，有人破坏了公司的利益（或者个人利益）也没有办法制止……却在做一件事的时候说，“为了团队你必须这样做”，又会是怎样的场景？所谓少数服从多数，就成为强迫的借口。

第四种虚假执行力：“木桶短板”——只强调竞争力，不强调核心竞争力。

第四个虚假执行力，体现在很多公司强调的执行中，没有强调独特的客户价值，执行远离了核心竞争能力的打造。

这就是说，执行力的本质并不是“木桶理论”，去补短板，执行力是“长木桶理论”，要扬长避短。

在“木桶理论”下，由于找不到方向，于是到处补短，仿佛执行力就是勤奋、加班，就是玩命地工作。这是虚假执行力盲目执行的表现，同时也是对执行力最大的误解！

所谓执行，就是创造公司和客户想要的结果。问题是，结果有很多，你想做出什么结果？公司的事很多，员工的精力也有限，我们到底要做哪些事？

所以，执行力有个非常重要的前提：领导者要把最核心的客户价值（也叫独特客户价值）定义出来，作为员工的奋斗目标！

想要核心竞争能力？就要懂得一点：取长补短、全面发展。请记住一句话："均好"与"平庸"往往是同义词。

第七章

最长情的管理告白

附录

艳桦问答

艳桦对你说的36句话

传统制造业的创新管理

这是一家典型的传统制造业——顺恒达汽车零配件制造公司。传统的工厂，有着车间及生产流水线。既有传统的车间一线操作人员，也有高级研发人员。近几年，这家企业就像传说中的：传统制造业“不容易”，人员成本高，整体经营都在风雨中前行一般。

这家公司的管理案例特征主要包括：

第一个特征：创新管理，管理创新

创新驱动的原因是我本身是一个创新型的人，一个一直具备思考力的人，不断地感受、认知、挑战、尝试、创新。例如，去体验世界马拉松，深度解读世界各地的经济和各个领域的发展模式。所以，这造就了我个人的创新理念以及为企业带来的创新精神。

我将创新思想运用于企业人力资源管理当中，强调管理要创新，要创新式的管理，同时寻求管理差异化。这一创新更多的是运用发展的眼光预防未来的问题。

例如：充分利用管理工具——钉钉。工人的计件工资由过去的一个月测算出来，到现在每天或者隔天就可以计算出来。在这个方面，我们坚持应用最科学的管理方法和管理工具，提高了工作效率。

第二个特征：作为企业领导，敢于严格管理

很多企业领导不敢要求员工，尤其是不敢“管”骨干人员，怕要求走了。恒顺达却敢于挑战，去要求任何人。例如，一位员工总是粗心大意，下发文件总是有错别字，于是企业领导要求HR部门下发通知：一个错别字扣100元，并且全公司通报批评。后来这位员工非常感谢公司的严格管理，因为正是源于公司的高要求，才让他不断成长。

人们从来都不会因为你的“真”爱而抗拒你，只要你真的是为他们好。我们严格在细节，严格在结果，严格源于爱。严格是这家企业多年的一座风向标。因此，客观地说，企业今天沉淀下来的团队伙伴们，都是被严格管理出来的、被严格培养出来的，他们很强大，这应该是企业的自豪。

如果你不敢去要求，那或许是你的企业还不够强大，我们需要爱员工，更要敢于客观地去要求员工，对员工负责、对企业负责，只有负责才有在一起的必要。

第三个特征：执行力是发展的“发动机”

我个人非常强调执行力，企业更是如此。企业在高效执行力上体现得淋漓尽致。

第一，非常强调“计划”机制。计划等于目标，没有计划就没有下一步，何谈结果？对于工作计划，强调计划模版，这或许在很多企业都有，但是具体计划的制订是需要用心的。同时顺恒达也以目标和结果为导向，比如绩效方式就是以结果为导向。（组织中层管理干部封闭在我的办公室里长达一周的时间，在办公室里连日讨论公司的绩效方案。大家的感情很有黏性，或许这也是很多企业想进行团队凝聚力建设而苦恼的问题，有人说这比做了一周外围的拓展训练还管用。）

第二，计划的监督检查是重中之重，为此专门成立“监督稽查”小组。这个小组的核心职能就是专门稽查大家的工作完成情况。这一点很多企业没有做好，原因是只要前因不要后果。同时，这个稽查小组也做绩效管理的前奏和配合工作，这是工作执行与结果之间必不可少的环节。如果您的企业效率低，或者结果偏差，就需要在计划和过程检查这两个环节进行反思。

第四个特征：关注员工需求

企业人力资源管理，首先是站在全体员工利益的基础上，当然也包括企业需求、员工需求。员工的需求是多维的，如收入、职业发展、话语权、企业文化、环境发展、企业发展、股东回报、客户回报、短期及中长期明确简单的目标及评估等。成功企业家的基本标准是满足员工、客户、股东需求；更高层次的标准是承担社会责任。企业需要有战略思想体系和维持这个体系的员工。简单来说，老板要让员工的总收益高于同行 20% 左右，社会现状和企业需求之间的矛盾是不可避免的，所以老板、高层、中层、基层要保持思想统一。

总之，传统制造业需要再接再厉，风雨同舟，携手共进。传统制造业需要不断努力和创新。

顺恒达汽车零部件集团董事长　董军

领导的个人成长带来真正的力量感

企业未来如何发展?

团队如何有激情?

员工如何有凝聚力?

员工如何有执行力?

员工如何培养?

员工如何成长?

员工效率如何提高?

我是一个擅长营销但并不擅长管理的老板，我曾经问艳桦老师："我们连洋鞋业下一步应该如何发展、规划？"

艳桦老师亲切地对我说："一个人强烈的成长意愿和正在快速成长的呈现，都会给周围环境和人带来巨大能量。如果您想激发您的团队或者您身边的人，那就让他/她深切体会到您的成长。因为老板本身带着思考、带着成长、带着动力在转，他就已经影响到了企业中的每一个细胞，这是成长的力量。"

企业发展到今天，我有时候沾沾自喜，觉得自己可以养老了，可以稍微休息了，但是后来随着企业的发展，我感受到了企业需要我，团队需要我。这不是普通福利能给予和做到的，我应该全身心地将"心"放进来，陪伴我的团队，把爱给他们，把关心给他们，把热情和浪漫的美好给他们。

很多企业老板都非常关注员工的成长，甚至由于企业发展的停滞，多次组织员工培训学习。这些给我的感受是：老板自己一定要成长，这个成长不是简单的学习层面，更需要真正发自内心地反省自己，反思自己的不足，让自己思考起来，让自己发生变化，让自己专注起来，让自己的每一个细胞都得到充分的运用。这段时间以来，我不停地思考，经常为团队留作业，我的团队也逐渐变得活跃了，做到这一点并不复杂。回顾起来，主要是因为我的细胞“活了”，我把这份无形的能量和力量传递给了团队，我的团队感受到了，所以他们也“活”了。在这里我把这份体验分享给大家，即老板/领导个人的成长才是激活企业团队的最好良药，同时也感谢艳桦老师的深情陪伴。

连洋鞋业总裁　柯惠珊

我这里只是你人生的一段：且行且珍惜

写给所有小伙伴们的一封信：

小伙伴们，你也许不会跟我一辈子，我这里也许只是你人生职业生涯中的一段时光而已。在这段时光里，我想对你说：

你在为你自己工作，今天的你在为未来的你打拼和储蓄能量。每一个人都要走向属于自己的未来，我们在未来的人生路上，依然需要面对风雨，遇见风雪。需要储备好属于你的“粮草”。今天的你，需要为将来的你储备能力、实力，从而让自己变得可以独立前行。就像我们的珠宝一样，因为它的厚重，因为它的内在通透，因为它的实力，才让它变得格外有价值。

你要做到不任性、不随性。是的，年少的我们都会有偶尔的轻狂和多变的内心世界。但是，工作、生活中，不但有我们自己，还有身边的同事、伙伴、朋友、客户、领导。为了未来更好，今天我们需要变得不那么的任性、随性。

我希望你们能够做到接受。接受自己，接受身边的环境和人，就像珍珠一样的圆润与饱满。无论生活中，还是职场中，都会遇见不同性格的人，不同的事件，也许这些让我们无法想象，无法理解，无法接受，但是有一天你们长大了，终究会明白，我们的生活需要我们做到接受，这是我们成熟的体现之一。在工作中，遇到不满意、不开心、不理解，需要去包容，需要走过去，这才是我们应该走向的地方。

我希望你们是快乐的、幸福的。虽然我们的相处只是一段时间，也许是一年、两年、三年、五年、十年、二十年，无论如何它都将是你人生中的一段。我期待能带给你更多的快乐感，我不想给你任何的束缚、枷锁，因为我清楚：你想要的一定就是快乐。

我希望你们是收获的。在这里如果没有收获，首先是我的错，要么就是我不够爱你，不够关心你，给的不够；要么就是你没有努力和用心。无论如何我都希望你们是收获的，当有一天你回头望去，这里是你人生硕果累累的“秋天”，没有遗憾，只有美好的回忆，那将是我们最美的足迹。

我们且行且珍惜，我们才能彼此支持、彼此理解、彼此包容、彼此贡献，更多的时间我们是用来建设而不是消耗，更多的时间我们是用来努力而不是堕落。

是的，这是我的想法、我的理念、我的价值观，更是我企业文化的“点位”。无论如何，我都希望小伙伴们真的成为未来的自己。职场路上，且行且珍惜。

沐迪珠宝董事长　王海荣

伙伴们，谢谢你们给了我成长的机会

艳桦老师说："人们不是天生会做老板，也不是天生就会做领导。"对于这句话，我有着深刻的体会。

我们是一家中高端餐饮企业，大家都知道，对于餐饮、服务行业而言，普遍存在上班时间比较长、工作内容琐碎而辛苦、人员变动率高、菜品需要不断升级等问题。

如果有员工离职，我就思考并问自己：我哪里做得不够好？需要做什么样的调整？

关于团队的培养，我需要思考：如何培养服务员、领班、店长等？他们如何做到深度的客户服务？他们个人如何更加成熟、热情、用心地面对客户？基于他们的学历和经历，如何更加准确地给予他们成长的机会？员工的薪酬如何设计？厨师如何提高技能？如何研发新菜品？

这一切都是我需要面对的问题。

基于当前很多行业领域面临变革、突破和改变，对于我个人而言也是一种是挑战。虽然对于细节、菜品、研发是我的擅长，但是对于企业的经营管理，我对自己客观的评价是：我犹如初生牛犊一样，甚至认为自己是管理中的"学前班"。就像艳桦老师说的：中国的企业老板们，很多都是发展与学习同步，边学习，边进步。我也一样边学习边成长，随同企业共同成长的步伐来做企业管理。也正因为如此，我可以体会到管理给予我的挑战，让我获得成长的感受。

管理中我也会出现“过错”，就是我的情绪、我的语言表达偶尔带来的“伤害”，以及我的方式没有用对。因此在日常工作中，我不停地思考、不停地学习，从企业制度到企业规划，有过自己的亲力亲为，也有对企业文化的深度思考。此刻，自己内心深处油然而生的想法就是：必须低头学习，自己必须成长。我自己成长了，我才可以带动伙伴们成长，引领伙伴们成长，影响伙伴们成长，甚至才可以以更合适的方式支持他们。

“谢谢伙伴们给了我成长的机会，使得我同你们共进步、共发展。”这句话是我的心声，或许也是更多老板的心声吧。

作为企业的带头人、领导人、管理者，我们更多的时候需要关注团队的成长。我们作为管理者和企业的负责人，需要时刻关注自己的格局、胸怀、真爱，关注自己的能力，关注自己的情绪。如果脱离这些，我们谈组织、谈团队、谈员工，是不客观的。

在企业发展和员工成长的平行路径中，我们需要相互陪伴、相互支持，我感谢我的团队给予我的包容、理解。我们都是在成长的路上，我们给彼此一个相遇相知的机会！此篇“鸡汤”献给所有的企业！

朋和餐饮管理有限公司 CEO 任雅婕

家族企业的管理

我的企业是典型的家族式企业，我是典型的子承父业的二代接班人。但是，我与当前的二代接班人和上一代企业家们在经营方式和模式上有很大不同。针对当前的商业模式，对于我们面临着的更多的创新性的挑战和机遇，我在企业运营管理中也在不断地探索、创新，寻找一些更符合这个时代的管理方法。回过头看，其实家族企业管理的很多内容同样需要回归本质和问题根源。

在企业管理过程中，我总结了以下几个自己的感受：

第一，给员工一个“家”，首先解决员工“就近”就业的问题。上班不用出远门，距离家里只有 1 ~ 5 公里的路程，我想这是很多人期望的事情。所以在“家”这个问题上，我的价值观是给予员工“家”的感受，让他们首先有“安全感”，让他们清楚企业是距离他们自己的“家”最近、最可靠的另一个“家”，他们可以在这里获得人生。所以在“家”文化上，我是充分给予“允许”，一切围绕“安全感”做建设。

第二，生活是根本，物质是精神文明的基础，必须要保证“钱”的问题。“钱”很俗，但是企业必须保障员工的基本收入，这是企业给予员工“安全感”的基本内容。公司整体人力资源建设以实现公司运营目标为主要方向，公司不能运营，其他都是空谈，所以人人都要有“活命”的价值观理念。在人力资源成本上，我们需要做到“给到”“给到位”，任何部门都不能丢掉市场思维、运营思维。

第三，“激情”建设。我很认同艳桦老师的“人力资源激活、激发、激励”的说法，作为地方性的家族企业，非常需要工作的热情、激情。

没有激情，就没有创新，没有活力，也不可能有效率，那么企业就将失去发展的原动力。

所以在企业管理中，我们需要找到管理的核心点。每家企业的特点不同，地域不同，行业不同，发展不同，我想企业的发展根基各有所长，但是人力资源管理的核心不能离开本质问题，不能离开人们的“硬需求”问题。管理也未必就是高大上的工具表格，找到人们的需求，解决人们的需求、创造出价值，就是最专业的管理。管理需要“用心”，不用心怎能找到需求呢？形式主义的内容是用来解决建设中的多样性，要想解决根本问题，还需要我们内在的深度洞察。

第四，家族企业的管理一直是职业经理人最头痛的事情，他们认为家族式企业很难“伺候”。是的，作为职业经理人，一定要去掉这个“心结”，家族式企业里面的任何人和你面对的任何客户是一样的，你都需要不断地面对和挑战。

家族式的管理模式也需要改变，我们是传统的家族式样，但是我自己本身忽略或忘记这件事，这是给员工减压的一种方式。如果我非常强调“这是我的”，这个意识是会给员工压力感的，会给团队距离感的，员工会觉得：这是你家的公司，我们只是打工的。所以去掉“这是我的”的概念和声音，员工才能积极参与并产生凝聚力。

保定永强合成材料有限公司总经理 赵海涛

优秀员工的画像

有人说我成功得早，有人说我跑得快 ，有人羡慕我这样的年龄取得的成绩。每当自己回望过去，浮现在面前的画面是这般的千滋百味。

我没有学历，没有家庭背景，没有钱。我在最最基础的工作岗位工作过，例如开过路边常见的电动三轮车，在生产一线做过工人，后来学习营销策划，再到后来做过房地产销售。我从零开始，一直做到连续的团队销售冠军。

我不是天才，这一切过往，总结起来就是：

第一，我肯吃苦。能够接受最一线的工作。

第二，我够勇敢。面对困难，自己心中的那个小太阳就会升起，告诉自己，一切都会好起来，一切都会过得去。

第三，我够努力。记得我第一次给客户打电话，就是不敢打出去，那个时候，我在不断地突破，直到我第一次签订了一个 16 万元的合同，给自己的销售工作做出了第一次突破。一切都从零开始，一切都从突破开始。每一次，我都会问我的团队伙伴，你的职业生涯做过多少次突破？没有突破，哪里来的成长，又何谈成就？

第四，我够和谐。或许正是这份和谐给我带来了创新，记得我的同事都在闷头独立找客户的时候，我自己去找同行业做连动工作（其实就是大家常说的“手拉手共赢”），后来影响了所有同事，形成了一种工作模式。可见，员工要有目标，有活力，否则就无法创新。

每个企业都在评选优秀员工，其实优秀员工的特质几乎都是差不多的。从企业人力资源角度看，就像我自己，以及我的团队，就是因为自己内在的、积极向上的特质在成就着自己，成就着团队，成就着公司的未来。所以，人力资源管理中，激活、激发最为关键，激活我们内在的那份热情，努力、积极、认真、勇敢、承担是我们岗位必不可少的特质。

天津启创房地产经纪有限公司总经理 翟翌成

管理者＝员工的助教

我们是一家集生产型和贸易型为一体的综合型企业，我们的产品是传统型产业（玻璃和家具）。我们的企业管理面临着和其他企业一样的问题——管理模式的困惑和企业发展转型升级的困惑。基于当前的团队，给我最大的感受就是“管理层就是团队的助教，老板也是团队的助教”。

是的，每家企业都在谈企业管理、人才培养，人才如何培养呢?起初在我的企业，我在前面跑，牛一样地拉车，自己在不断成长，但我发现团队成员和我之间存在着成长阶梯距离。这让我开始了意识转换，在团队中，开始给予员工支持、培养，甚至将自己定位成员工的助教，在不断地带领大家、引领大家往前走，甚至还要换个角度，走到他们的身后，看看他们发生了什么，需要如何支持他们。企业管理是一个系统工程，我们除了系统的专业支持，还需要像助教一样有耐心地帮助团队中的每一位伙伴成长，还要做到“领导身份”的角色意识转换，这是我们做好领导者、管理者非常重要的一个角色定位。

作为员工的助教，需要做好以下几个思想准备：

首先，你要有“不成功”的思想准备。言外之意是，人是最难改变的，也许你根本无法改变一个人，就连让对方喜欢上学习这件事情都很难，所以，且不要谈让员工更多地改变价值观、性格等之类的，要做好员工不接受成长的思想准备。

其次，你要有耐心。员工的意识改变需要时间，你要耐得住、经得起员工“带来的”不同反应、挑战。

最后，你要能“累”。因为带人、培养人是件很辛苦的事情，有时也会让你的内心受到蹂躏，你要费心、操心、细心、耐心，这都可能会使你筋疲力尽，所以作为管理者，你要具备这个心理素质和品质。

博奥特玻璃有限公司总经理　郭文

“90 后”总裁是这样想、这样干的

我是一个“90 后”——“90 后”的年轻人、“90 后”的创业者，也有人称我是“90 后”总裁。今天很荣幸出现在这里，和大家分享关于大家心中难管的“90 后”、头痛的“90 后”。

谈别人，一定先谈自己。我自认为我是一个挺有个性的“90 后”，追求自由，不想受到约束，追求快乐，有着自己的价值观，不人云亦云，超级期待获得尊重，其他“90 后”的小伙伴们，你们也一样吧！同时我是一个“90 后”的女生，却做着男人的事情——建筑，实际上这也是一个无法想象的挑战。

无论是几零后，都会存在“靠谱”这件事儿，以及关于“承诺”和“信誉”的认知，这也一直是我追寻的最基本的原则，我想这也是任何年代的人都需要坚守的基本原则。一个企业的老板若想管理好企业就需要它，同样，无论是哪个年代的人，个人的正能量都是必需品，因为正能量才能带来更加和谐的价值观和行为，在这一点上我深有体会。有正能量，才能有感染力、感召力、魅力。虽然这些听起来都是大道理，但是如果你一旦这样做了，就会受益匪浅。

作为一个“90 后”的总裁，如何运营、经营企业和团队呢？我想从一个点上落地和大家分享：我要的、我期待的或许也是别人要的。

就像上面描述我自己一样，我需要的、我期待的，别人何尝不期待呢？因此，我在团队管理上，给了对方充分的自由、快乐。艳桦老师说：“梁贺，你做个活动那么多人。”是的，在“玩游戏”

的快乐中去做事情，这是我的价值观，也是我的做法。我们不愿意墨守成规，不愿意被约束，我们追求自由和快乐，在游戏、活动中实现工作内容，是我们的工作方法。或许我们“90后”更会“玩”，带着快乐感，带着那份“释放”工作，这是我们的特质。我希望把我期待的东西也同样给别人，我是从内在的本我出发来考虑别人的感受，去给予别人，用这样的方式支持团队、支持客户、支持朋友。我没有多么高大上的道理，我想我的那个本我也是大家内在的那个共性吧。

我看到很多公司的上班时间都很拘谨、很刻板、很古板，他们依然用束缚和传统的直线条来约束人。这一点上，我个人更倡议前辈企业家们能够自身快乐起来，自己轻松、愉悦、有活力，才能带动团队伙伴的激情和活力，这不是企业文化建设中某一个部门做些活动就可以做好的事情，需要作为老板的带动。

有一次伙伴从外地带来好吃的，“90后”小伙伴们在办公室一起分享，那个时候办公室充盈着一种快乐感。而恰好另外一个小伙伴来公司找朋友，这个场面被她看到了，她说：好羡慕你们这样的氛围，在我们公司，办公桌的抽屉里不允许有任何吃的。

其实，企业文化建设无对错，只有适合不适合。很多公司虽然倡导快乐，行为上却无比束缚，这本身就是矛盾的。这一点是传统企业文化打造过程当中与我们“90后”的区别，这也是导致传统企业招聘难度增加的原因。“90后”愿意到我们这样的年龄阶段的企业去工作，因为这些企业本身就象征着朝气，有一种向上的感觉，他们会觉得旧式的企业管理比较受约束，更期待未来的企业创新更多的管理模式。

小结：

人们都说"90后"在公司中表现出的不守规则、张扬个性、思想尖锐、缺乏集体意识的事件让众多公司陷入麻烦之中，我们的管理者们该如何才能做到既很好利用"90后"强大的创新意识，又使自己公司的管理免于麻烦之中呢？这是我们企业应该关注的问题。

华特邦（中国）董事长 梁贺

对你不强迫，但我必须告诉你意义

企业管理从过去的相对体制单一、沟通交流工具单一，到今天的多样化，给我们的管理者也带来了新的挑战。

我们发现，今天的企业管理不像过去那么拘束，我们更多的是由心而发，关注员工的情感变化和情感需求。我可以不强迫你的结果，但是我必须明确地告诉你做这件事情的价值和意义，以及给你带来的好处，最重要的是给你带来的成长。

不强迫，从内心世界给予员工足够的“呼吸空间”，他们的意识是自由的，那份“价值意义”也是属于他们自己的，他们只需要关注自己就够了。这是我们的企业文化和价值观，换句话说就是：你在给你自己干。

是的，员工是需要关注情感的，人们都会疲惫，人们都会迷茫，都会有困惑，人生都有十字路口。员工陪伴我们成长，我们也在陪伴员工成长。在共同成长的这条路上，我只做好彼此的支持，不做强迫，这个世界是属于我们的，我们应该共同创造。

爱你就要对你负责任。

我认为的“爱”就是要负责任。例如：对员工负责任，对员工的成长负责任，对员工的当下努力的成果负责任，对员工的个人收获负责任，对员工的个人未来负责任。作为企业负责人，你是员工的“家长”“朋友”“榜样”。

员工在企业里，不允许你们不成长，如果你没有得到足够的财富，希望你收获了成长，纵然你离开了这里，未来你依然可以拥有属于你自己的生存实力，你一定会为自己创造价值。

包容员工的能力不足。

我们在三线城市，从人力资源的总体质量上，实际上是受到一些限制的。例如，我们的人力资源知识结构有限、人员数量有限等。面对现状，我们不断地送员工外出学习、内部学习，但是依然存在格局和能力不足的情形，在员工的使用和培养上存在障碍。

但是，在企业团队中，不能嫌弃团队，不能放弃团队中的成员，要允许员工有能力不足，给他们必要的空间感和自由感。这么多年，对于团队的建设，或许用员工的话说就是：包容大家许多，也“纵容”了很多，也正因为如此，团队成员才有“家”的感受。

永杰汽车集团董事长 李颜颉

人，“品”先行

浮生若茶，甘苦一念。

我们的产品是茶，茶是用来品的，茶可以让人安静、思考、从容。品茶是一件很美的事情，作为一个家族几代都做茶的人来说，我对茶有着深刻的感受和体会。在做茶上，我们强调精致、专注、专心、用心，做好最美的自己。做茶先做人，人好，沏茶的味道才会更好。所以，在我们的企业管理中，对于人力资源的使用上，我借茶抒发一下我们的价值观：团队的成员“人”对了，一切就都对了。

我们用人的要求主要包括：

第一，你可以什么都没有，但是你不能没有态度。

好的态度是做人的第一要素，成事靠态度，处世靠态度，关系靠态度。你的态度决定了你的情绪，也决定了你是否可以包容别人。很多人不是没有潜力，也不是没有能力，而是因为他们没有自己正确的人生态度、生活态度以及工作态度，导致无法释放潜能，无法更好地完成工作。

他们不是不可以迟到，而是缺乏对自己、对工作不负责任的态度；

他们不是不能完成工作，而是缺乏对别人负责任的态度。

在我的团队里，你必须有态度，好的态度才能做出好的茶品。

第二，承诺——说到做到的高贵品质。

现在的人们不缺道理，不缺梦想，缺的是自己的承诺——说到做到。没有说到做到，哪里来的执行力？！

很多公司强调执行力，但我认为要先看看员工为何不执行。因为员工忘记了自己的承诺、自己的目标、自己的梦想，一切停下来的原因都是忘记了自己的初心。企业提供了机会和平台，员工更不能懒，因为人生是属于你的，你在为自己奋斗。人，需要做到表里如一。

第三，气质。

提倡员工要有属于自己的气质，形成自己应该有的气质，这里的气质是指员工的知识、技能、能力，这种气质体现着员工内核的实力和沉淀并散发着属于自己的味道。因此，这是我们使用人才的标准，也是培训人才的依据。你具有足够的气质，才能做好茶，才能解读茶，才能识别茶，才能体验茶。

第四，足够爱，才会用心。

团队成员来到我们的企业，我问的最多的话就是：“你喜欢茶吗？你爱它吗？”因为我清楚：只有你足够爱，才会付出。

做茶，你需要足够爱，才会用心品，用心品才能品出味道。就像人一样，你足够爱，才会用心感受，用心感受也便有人的味道。

因此，团队中人对了，足够爱，事情才会出现你想要的结果。

昌泰普洱董事长 陈卫

管理那个“小我”

借用艳桦老师的课程《不站在员工的对立面是领导的本事》说下我对团队的感受和想法。

管理中为什么要管理那个“小我”？

从员工与企业签订劳动合同的那一刻起，就成了甲乙双方的对立，就存在了不同的角色：企业希望拿出合理的报酬支付，希望员工主动，创造理想的，甚至是超出范畴的价值；员工希望获得更满意的报酬，甚至是更多的报酬，不加班，不受控制，希望自由、开心、快乐、新鲜。

大家的角色不同、立场不同、拥有着自己的诉求，就会出现自我保护。关注并维护自己的感受、情绪，自己的那份备受认可、尊重，自己的那份存在感、安全感。

艳桦老师说：“人人都有利己的想法，人人都有一个‘小我’，如何看到、感受到、察觉到对方的那个‘小我’？这是管理中的一切出发点。忘记小我、忽略小我的管理都是不完整的。”

人们的关系出现矛盾不是不能理解对方，而是不能包容对方，不能给予对方，不能贡献给对方。明明知道对方想要的是什么，但在与自己的利益相冲突的时候，人们往往优先考虑自己的得失。首先关注的是自己的结果，其次考虑的才是对方的诉求。

一位高管就职于A公司，由于在之前公司工作的工龄比较长，有5～6年的工作经验，在角色中已经非常熟悉所有的流程、企业文化特点、人员特点，一切工作都游刃有余，自己可以做更多的决定。到了新公司，面临的一切都是全新的，这位高管也曾为新公司提意见和看法，偶尔意见不被接受时会有情绪上的波动。我们仔细研究就会发现这位高管的内在情绪、矛盾是认为新公司授权不够、信任不够，导致自己没有职务权限。

在这个案例中，我们看到的是人们有一种“建设”，本质是“为己”的建设。所以，如果我们能洞察对方的内在诉求，便能清晰地做出正确的管理判断。

艳桦老师说“企业家有小我、管理层有小我、员工有小我，不能管理‘小我’的，不能关注‘小我’。不能建设‘小我’，个人就无法释放真正的能量，管理层无法做好榜样，企业无法真正的基业长青。”

当下提倡资源共享，共享经济，我们同在一个企业，没有理由不去深度思考我们的内在“小我”，从而去激励、激发、释放能量给别人。

有的人把管理看得很高大，我把管理看得很细、很“小”，或许是因为我本身就是一个注重细节的人，所以形成了我这样的价值观。管理应该注重细节，这个细节如何解读呢？我认为，应该关注到人们的情绪，关注到人们的感受和诉求。

为什么企业制度做了一叠，流程做了一堆，最后还是一张白纸，因为“制度＋心”的经营才是我们管理的综合体。如果我们只过多地关注制度建设，忽略了人们的内心感受，我想机制再好也是无法执行的，执行除了需要机制还需要人的意愿。

北京博兴盛康机电工程有限公司董事长　穴治兴

“九段管理”

日常生活中我是一个特别简单的人，虽然自己从事的领域（餐饮、酒店、工程等）比较多，但是我依然对管理持有“简单”的概念。经过这么多年的经营企业的感受，以及我个人的风格和性格——不愿意去控制别人、约束别人，我认为任何人对自己都要有最基本的认知和自我约束。

人在思想层面分三六九等，工作水平也分三六九等。今天我就以我们的“总裁”们为例进行说明，看看我们自己属于哪个阶段。

一段总裁：做榜样——创业艰难，精神可嘉，以身作则，是员工学习的好榜样。

这类总裁自己非常优秀，他们或白手起家，孤身创业；或救公司于水火，力挽狂澜，是真正的财富英雄！

温馨提示：他们只是自己做得好，就幻想员工也像他做得一样好，但是结果并不是那么回事。自己好，不等于团队好。

二段总裁：做说教——不厌其烦地向员工讲目标、讲原则、讲道理，保姆心肠，说个不停。

这类总裁不但自己做得好，还去教育员工，关心员工成长，给他们激励和帮助，鼓励员工前进！

温馨提示：说教的结果是，说了还犯，犯了还说，嘴皮子磨破了，好话说尽了，没有什么效果，良好的愿望换来的是沉重的打击！

三段总裁：做机制——建立制度、规则、流程，用机制管理人的行为。

这类总裁知道，铁打的营盘流水的兵，只要建立机制，就能够让员工在机制中去行动，让公司在制度中去运行，法治永远会高于人治，公司的强大在于制度化的程度。

温馨提示：做了制度，如果没有执行制度的人，同时没有一套能够执行制度的制度，制度就成了摆设，有制度也执行不下去。

四段总裁：做进化——优胜劣汰，狼性十足，制造危机，提高团队执行力。

这类总裁属于战略管理者，进入了团队进化的高境界。他们知道这个世界的规律是新陈代谢，是适者生存，是强者战胜弱者，他们不给员工提供终身就业的机会，而为他们提供终生就业的能力。

温馨提示：要用机制优胜劣汰，不搞人对人的淘汰；用业务淘汰人，文化和业务是两个底线；只激励 10% 的优秀员工，帮助 80% 成长型的员工，对 10% 落后的员工，坚决淘汰，队伍在进化中更加强大！要有优胜劣汰的决心，才会有真正的执行团队！

五段总裁：做核心——只打造核心团队，目标是形成统一的价值观，准备人才。

这类总裁知道一个人的力量不行，必须有核心团队，只要有了核心团队，就能够带领员工一起前进。所以，他们乐于建立干部制度，开始招聘、选用、重用、调整中高层队伍，形成一个紧密团结在自己周围的核心团队。

温馨提示：这个团队是以核心价值观一致为标准建立起来的，还是以能力、资历、听话、派系制约为标准建立起来的？如果是后者，那么团队并不让人放心。

六段总裁：做模式——建立满足客户价值的、不依靠能人的业务运营模式。

这类总裁在思考，什么样的产品和服务才能满足客户的需求，然后就用什么样的运营模式去实现这个价值，而且在实现的过程中，能够让大多数员工发挥作用，而不是依靠个别能人，从而开始设计和建立自己独特的业务模式。

温馨提示：这个模式最容易出现的问题是，在建立模式的过程中，走向了精英主义、技术主义或能人体系，以为高价值就一定有高利润，孰不知没有低成本和可持续性，一样不是好模式。

七段总裁：做复制——要求中层做传承，要求员工做专注，在模式上做团队成长。

这类总裁知道，创新永远没有执行重要，公司的强大是简单复制的结果，在机制和模式试点成功的时候，开始不断地复制、再复制。在过程中，告诉中层唯一的目标，就是传承模式；告诉员工唯一的成功，就是专注重复！

温馨提示：在做复制的时候，不能持续、“花心”，总是想再创新，结果是一个模式没有复制到极致，又复制出新花样，结果不是一点突破、带动全局，而是四面开花、花开花落！

八段总裁：做战略——找到独特的客户价值，通过团队执行，实现它，不战而屈人之兵！

这类总裁知道是时势造英雄，而不是英雄造时势，他把战略的起点与归宿定义为客户价值，而且是独特的客户价值。为了实现独特的客户价值，他从最差的结果出发，建立低标准的、团队可以适应的长效赢利模式，并比对手更坚持，做到极致，让别人无法超越，就像沃尔玛、微软、麦当劳一样。

温馨提示：任何寄希望于依靠市场机会、政府支持、强大资金或高新技术之类，与客户价值无关、与团队整体执行无关的东西，都不是战略性的，即使成功，也不是战略性的成功，它比一般的失败更危险，因为它不遵循商业的规律：公平！

九段总裁：做未来——选好了接班人，定下了退休的时间表。

这类总裁是顶尖的总裁！

温馨提示：顺应时代，顺应规律，人就是人，不是神，当你的历史使命即将完成时，请将你的企业交给优秀的接班人，这才是一家企业基业长青的道理。

在管理中，我们要反思自己在哪里呢？

北京禹浩天成节能技术有限公司董事长 赵飞

管理的理性和感性

每个行业都有其特点，管理不容易。我在此说说我的一些看法：

第一，老板在自己能力范围内，必须替员工考虑到位，员工留下是缘分，离开也是缘分。

第二，现在的孩子能站在别人的角度考虑问题的并不多，这是我们当下社会需要面对和解决的。人们需要正确看待经济管理和情感管理，合理看待经济关系与情感关系，缺少感情教育，必然成为赤裸裸的经济“关系”。

第三，西方管理让人们成了机器，然而在中国，有父母的可以不工作，所以现在的孩子是很难管理的。

第四，管理中老板的个人格局、视野、水平等都极其重要。

第五，作为管理者不能怕被超越，我们要学会传承，把我们的知识和技能传递出去，这是我们需要有的胸怀。

第六，企业管理中提倡有感情，但不能过于感情化管理，应该是“感情 + 制度”的平衡管理。

王树良老师

基于个人特质的工作结果

谈到使用人、培养人、考核人、培训人等一系列的流程和内容，给我的总体感受是，用人最关键，用错了人，后面的一切都会出现价值的不对等。

这就是艳桦老师在《用对你的爱》《用对你的管理方式》中提到的，人要用对。

一个人事助理，学习了很多课程，在岗位工作内容上，也非常熟悉工作流程。但是处理人情世故就差了很多。他的内心不够温暖、不够热情。以前人们在面试的时候，往往认为熟悉业务本身这就是“专业”，不，这是表面的“专业”。一个人如果没有个性中的平衡特质、内在的热情、愿意付出，以及对人情世故的充分理解。“事情”是不会处理得很好的。所以从这个层面上讲他的“专业”是不够的。这个助理自己也很郁闷，苦恼于自己的特质，不够热情。自己也期待能够变得更好。

是的，每个人都有自己的个性特质，作为企业的经营管理者，允许给予员工个人成长的机会，但是前提是根据个人的特质，把人放在合适的位置。个人特质改变的速度远远比业务本身提升的速度慢得多。

把人用对岗位，需要我们冷静、成熟、客观、理性、科学地分析。

全息时代集团董事长 徐子杰

“深度管理”是必修课

那天和艳桦老师沟通，提及“深度服务”“深度链接”“深度管理”的话题，意思是所有的客户、伙伴都需要深度相处、深度经营、深度信任，才可能弹出动听的乐章，碰撞出火花。管理中需要深度管理，用艳桦老师的话说就是“情到深处，心到深处”。

这些方面，我深有体会。我们对客户最应该做到的就是：细心、耐心、用心，足够稳重、足够专注、足够专业，给客户安全感、信赖感。世界上没有轻而易举的成交，所有的一切来自于我们自己的“做到”，让别人信任我们，愿意和我们在一起。

我们企业的管理，其根本思想是让员工与我们在一起，一起努力，一起实现企业梦想。如何让员工和我们走到一起，需要企业与员工深度链接，需要在企业管理中深度用心，充分了解员工的个性，理解员工的心声，懂得员工的愿望……只有了解、理解、懂得，企业和员工才能产生更和谐的互动。这一切都是基于我们的“深度管理”。

蜻蜓点水一般的做流程，做培训，无法解决企业真正本质的管理障碍。

“深度“管理是我们企业管理的必修课。

中信集团·信诚投资管理有限公司　李洋

“90 后”助理的“欢乐颂”

是的，我实际上是一个缺少经验的人，过去的自己或许和很多的小伙伴一样，心不定、浮躁，对自己的未来迷茫，目标不清晰、内心总想着可以少干就少干，对于人情世故一片空白……

我本身就是“90 后”的典型代表，内心深处不接受约束、不接受控制，不接受安排，只向往“自由”，希望能自由地安排自己的时间、空间和人生。这是当下社会很多企业家“头痛”的事情，就是“难管”的“90 后”啊！

这一切都是过去的我，我自己过去就是一个“小刺猬”，确实不好管。是什么让我“变”了？

“今生让我遇见你，是我最美的风景。”遇见艳桦老师，遇见华门，让我体会到那句话：如果今天你依然固执，不改变，一定是没有遇见那个令你可以改变的那个人。是的，很浪漫、很温情的一段心声。

首先是“感染”的力量，让我改变。

我深深地体会到艳桦老师榜样的力量，用艳桦老师的话说就是“管理者和老师的区别”。管理者如果只站在领导的位置，那么将执行的是对于工作的要求、检查、考核。但是这里面缺乏支持和帮助，缺乏真正意义上的指导。

如果管理者将自己定义为老师、教练，那么其首要职责就是“教和授”。在这里，我感受到管理者、领导作为榜样，带给我的力量感。领导的“做到”，让小伙伴们拥有了动力，让小伙伴们有了可以学习的真正模版。榜样的给予是小伙伴们最好的培训教材和课程。

其次，我深深地体会到了艳桦老师格局的力量。

我们在企业中，与自己接触时间最长的人，就是自己的领导，我们有着自己的不足，有着自己的空白，也有着自己的退缩，尤其是情绪。当我们有情绪的时候，或许比“70后”“80后”表现得更加冲动，当然这是一种不成熟的表现。在这个过程中，我深刻体会着艳桦老师给予的“允许”，允许了我的情绪激动，允许了我的不成熟，允许了我的每一次冲动。我想这是作为老师、作为领导、作为上级给予的支持，亦是一种给予伙伴的认可和胸怀。

最后，我体会到“真爱”的力量，深度理解“接受”与“真爱”。

坦白讲，起初和艳桦老师在一起，有很多个人想法，我内心世界是抗拒的，不愿意的，隐藏着大量的个人标准和界限。

直到有一天，我到外地参加一个公益活动：

艳桦老师给我发了一段文字，大致是这样的：

团队人员既然走在一起就是缘分，起初就有一份愿意，如果我们当初说“愿意”或者“爱”，而且是“真”的，那么一定是：

接受，允许、包容、理解，才是“爱”的根本，没有这些，就不是“真”的。

这让我人生第一次体验到，你要“接受”，学会接受。

如果你选择了平台，选择了领导，你一定要带着欣赏的心态、欣赏的眼光去看待、去对待。我自己也挑剔过，但一旦将自己的心态放平和，带着感恩的心态，一切事情的呈现都将变化。一切的不平衡，都是自己想象的，自己挑剔导致的，我们年轻人依然需要突破“接受”这个关键词。

既然选择留下工作，就要“用心”，用心能感受更多，用心才能看到更多。艳桦老师说，商务礼仪不用培训。是的，我更多的时候是用心观察老师的情绪、状态，我自然知道自己将如何去做、做什么，也呈现出来“懂事儿”。热爱才会用心，用心了，你不再需要礼仪培训，不再需要态度培训，因为一切都心中有数。

这些内容送给与我同龄或有同感的伙伴们，爱是一种选择，态度是一种选择，接受是一种选择。

人格魅力是打造团队凝聚力的吸铁石。

“90后”的小伙伴们，我们总有一天会遇见自己，遇见自己的未知，遇见自己的梦想，遇见自己的幸运。我们终将走向成熟，走向理性，前行的路上，需要我们的原始品质：踏实、认真、纯粹。

同时我也想说，“90后”的小伙伴们有个性，有想法，但不是不可改变的，找到他们内心深处的那个愿望，每个人都会被感召到。用心管理，《用对你的爱》《用对你的管理方式》，一切都是艳阳天。

华门助理　梁双

附录

艳桦问答

艳桦对你说的36句话

绝桦问答

“简单化”是管理的最好出路

因为“难管”，我们过去追求“专业化”，以至于使用太多的表格、太多的测试工具、太多的“专业词语”，最后我们依然面临“人力资源要创造价值”的囚徒困境。

为了管理而管理，回头看，我们是否需要聚焦问题的本质，根据问题，想出解决的办法，也许会减少很多不必要的流程呢?

“众里寻她千百度，蓦然回首，那人却在灯火阑珊处。”管理的最高境界不是遥不可及的，用一句话来概括就是：简单化管理。简单不是目的，而是使复杂的事情简单明了，为解决复杂问题创造条件，最终达到以简驭繁。

那什么是“简单”化的管理呢？例如，企业人力资源管理中，很多企业的“工具”成山，但是忘记了最根本的内容，就是“人”的问题。如果我们坚持以人为本、以人的诉求为主线，管理就会变得简单。如果我们忘记人、忽略人，直接研究“工具”，就是在画蛇添足。

你对岗位说明书是不是很麻木

每家公司的岗位说明书都好像很多、很齐全，甚至每年都要完善一次。但是你却发现：岗位说明书最终的使用效果不如想象的那么好。

因为很多员工对岗位说明书已经麻木了，那么，我们该如何重新审视它，如何让它真的起到作用呢?

建议 1：岗位职责表述越细致越好。

建议 2：以和岗位当事人面谈、讨论的方式制定。

建议 3：现场找出岗位当事人的责任、权力、需要的能力、个人的加强部分、个人的未来规划、目标等。

建议 4：每个岗位需要用心沟通，建议每个岗位进行 2 ～ 3 小时的聊天，充分沟通，充分了解以至于理解每一个人，了解其内在的想法。

用心交流、碰撞产生的岗位说明书是具备生命力的，是带着思想和灵魂的，这样的岗位说明书才是有用的。

你的企业有多少自生自灭的试用期

入职培训是框架内容，还是企业文化中的精华思想和精神?

很多企业做了新员工的培训手册，但是培训的时候就走了形，原因是培训内容解决的仅仅是表层的问题，无法传递企业的深层次思想和灵魂。

很多领导说："我们做了岗位职责，我们也会询问、关注新伙伴。"也有很多领导说："我太忙，有他的直属领导负责管理就可以了。"但是，入职培训也不等于全部的支持。

新员工入职后，需要给予的关怀、关注、支持是老员工的三倍。他们最后没能留下来，也许并不是因为能力不行，而是因为不适应。也许我们的企业领导会说：此员工的价值观和我们不同。然而，实际上是新员工来到我们的环境里，我们最重要的职责就是和新员工互动我们的价值观、价值理念，去面对和磨合，因为给到内心世界的关注比内容更重要。

你是否了解薪酬中的交换关系

很多企业老板很头痛的就是薪酬结构和设计问题，给了员工工资，员工不能等价交换工作成果。

员工则认为只要自己不请假，就不能随便减少自己的工资。

我一般在小伙伴入职之前会罗列这样一个公式：

基本工资 + 交换工资 = 谈判工资 + 能力工资（提成）

谈判工资：例如 5000 元 / 月。

基本工资：一般按照国家规定的最低工资标准设定，假如 2000 元 / 月。

交换工资：就是你的劳动交换，按时完成就拿 3000 元 / 月，没有按时完成就按照比例支付。员工需要具有“交换”的意识，因为付出、说到做到而获得的报酬。

能力工资：如果 1 个月内超额完成工作，就是个人的能力强，属于能力工资。过去很多企业用“提成”这个词，应该让员工具有“能力”的概念，有意识提高个人的能力。

老员工抱怨新员工的工资高怎么办

老员工说：我在公司 10 年了，同样的岗位，为何我的工资是 5000 元 / 月，新员工的工资是 6000 元 / 月。

面对这个问题，可以从以下两个方面来回答：

第一，薪酬体系的标准以及合理性的确认。需要新老员工非常清楚岗位上最值钱的要素是什么，避免员工不知道自己的工资标准，企业需要给对方一个理由。

第二，老员工的日常工作表现，需要部门直接负责人经常的反馈，这就是一直强调的，一定要让员工知道：他哪些地方是好的，哪些地方是有缺陷和不足的？他的价值是什么？他需要成长的是什么？当前的工资与他的期望值差距是什么？在这一点上，我们国内70% 企业做得还不够。

员工只有清楚自己与岗位的匹配，才能解决矛盾。我们在做任职资格要求的时候，更多地将“自我认知能力”作为第一要素，纵然员工能力再强，但迷失了自己、忘记了自己，都不是真正的“能力”。

为何你发的福利，员工却不认

我问 A 公司一名员工：你们公司的福利都有什么？

员工说：我们公司没有什么福利啊！

我问 A 公司 HR 部门：你们公司的福利都有什么？

HR 说：我们常规福利有三八节发的物品、卡，中秋节、春节等重大节日，企业都会发放些节日问候的礼物作为福利。

为何公司认为花了钱、发了福利，而员工的意识里没有呢？员工不开心，员工没高兴，员工并没有感恩？这是因为：

第一，企业给的福利不是员工想要的。企业是否有问过员工认为的“福利”是什么？他们认为的“福利”表达形式是什么？一般企业都是从我们能给的、想给的角度出发，忽略了对方的需要，没有用对我们的管理方式。企业习惯不沟通、不询问，没有关注双方需求情感的表达层面，最终导致“无效给予”。

第二，给的形式不是员工想要的。我们如何让员工开心、惊喜、感动？我经常对企业说：就像谈恋爱一样，恋爱时收到的礼物，都是充满期待、充满浪漫、充满惊喜、充满感动的。我们对员工何尝不可以用爱的方式，将你的情感给予员工，而不仅仅是“金钱”和“物质”的赠予，没有情感的“给予”都是白费，没有“爱”的福利等于零。

如何调动员工积极性和激情

有人问我："艳桦老师，您帮我看看如何让我们的团队有激情，目前我的团队像一潭死水，大家'绵绵的'，没有斗志，我们要不要做点什么活动呢？"

我说："我一般都不提倡用外力或者'活动'的方式，让人瞬间性地兴奋。我一般的方式是花掉大量时间和我的团队进行细致入微的沟通，也就是很多公司HR干的'员工职业规划'。但是那种'规划'一般都会被我否定掉，因为太过于浅显。我需要拿出2~3小时与一个员工深度沟通，帮他找出个人的目标、梦想、实现人生价值所在的方向和擅长。一旦一个人有了被认可的诉求或者积极向上的追求，都会有'自发'的力量和动力。"

是的，很多人都会说："艳桦老师，您就是一个有激情的人。"我告诉他："因为我自己有要求、有想法，我要去实现，就无法停下来。"

积极性、激情，源于我们自己的内在定位、要求。

员工工龄长了，个人却不成长怎么办

员工长了工龄，个人能力却没成长；

员工长了工龄，个人情商却没成长；

员工长了工龄，个人智慧却没成长。

老员工停滞成长怎么办?

老员工减速成长怎么办?

很多管理者都说：老员工，工龄长了，有了忠诚度，他们熟悉企业文化，但是他们成长的结果不够。很多老员工个人减速成长了，有的甚至停止成长了，不知道该如何使用和激发这些老员工?

你的企业多少员工因“内耗”而离开

企业里谈执行力，进行员工执行力学习、打造，在这个方面，很多企业的第一想法和做法是：我们的员工执行力不强，如何解决员工的执行力?

在谈执行力之前，我想先谈谈内耗的问题：什么会引发企业内耗呢？企业文化、企业机制、企业流程、员工格局等都会引发企业内耗，这些内耗都是直接导致员工工作效率低、协作不顺畅、内部关系不和谐、不能相互支持的原因，甚至会导致员工离职。有人说员工大都是因为薪酬待遇离职的，事实上很多员工是因为企业的内耗，内心受到蹂躏而离职的。

我在《用对你的爱》一书中提到，经营感觉比经营感情更重要。员工与企业的关系同样存在感觉和感受，如果员工感受不好，每天在工作中遇到阻力、困难，就会和企业计较、较真。员工辞职时，虽然强调对工资不满意，但主要原因是“前提基因”关系发生了矛盾。

人们天生追求快乐感，人在感受的世界里，优先要解决开心的问题。企业的管理中，领导的首要职责就是解决企业的流程、机制、合作问题，快速解决运营中出现的问题，为员工的执行创造条件。

为何你的企业人力资源战略做得很空洞

很多关于人力资源管理的战略规划做的内容很多、篇幅很长，但就是空洞，或者最后不了了之。那么，为什么很多企业的战略做得很空洞呢？其原因主要有：

第一，这个战略是基于老板的梦想、目标。

第二，程序问题，很多企业就是将计划进行了设想，没有涉及操作执行的层面。

第三，制定战略看似是老板、部门第一负责人的事情，但事实上是需要团队参与讨论的，需要未来的“梦想”执行团队在一起进行头脑风暴。这样的战略有想法，才可以落地。

第四，战略的输出，也是制订者用心不够的问题。人才战略看似高大上，终究需要落地，落到人身上。盘点当下人的问题，制订未来人的计划。我们是否能找出人的问题，为了公司的未来找出计划？战略制订者是否有情怀，是否足够拥有这份工作和事业？这些都会影响这份战略隐含的落地性。

“无效沟通”能否当作沟通

转正面谈、月度绩效面谈、年度绩效面谈、上岗面谈、晋升面谈、离职面谈……

每家公司都有类似的不同面谈，你也同样会听到员工说：他说的不是心里话；我们的领导不懂我；我们的领导不了解我；我和我们的领导没有沟通……这是为什么呢?

我们常规地将“工作”性质的面谈、谈话视为沟通、了解，所以员工从来都不觉得领导是在和他互动沟通，只是“（工作）谈话”而已，因此也就变成了“无效谈话”。

如何将这种工作性质的谈话变为“互动沟通”？做到“用心”这一条原则，不把沟通当做工作，而是你真正地将对面的那个人视为你的孩子、你的兄弟姐妹、你的下属，真正地去懂他、支持他、帮助他。

你的团队需要的是领袖还是主管

大部分人更愿意做“主管”，因为主管可以要求别人、检查别人、监督别人，让别人去工作，自己获得相对的自由空间。但是，团队需要的不是主管的要求、监督和检查，而是一个可以让他们作为榜样、楷模，值得去模仿、学习的“领袖”。

主管负责的是制订计划、执行计划、监督计划、检查计划，这是执行层面的事情。主管进行团队管理，也只有最日常的工作执行。但是要想打造一个有热情、有梦想的团队，需要的是领袖能力。

领导者要成为“领袖”并不容易，这意味着需要付出更多、贡献更多，而且要严格要求自己。好的领导来自领袖能力，只有做到领袖，下属才会言听计从、才会遵照执行。所以，企业的管理层需要面对自己的问题：当下你是“主管”，还是“领袖”？

管理层法治还是人治

法治和人治是多年来存在的问题，如何充分地运用好这两个方面，体现管理者的水平。

如果一个人情商低，不懂人情世故，不懂礼尚往来（不是送礼的意思），一味地运用法治，肯定管理不好公司。即使公司的法制再健全也会让员工对你敬而远之，会导致团队失去凝聚力和创造力。一味地人治，没有法治，也是不够自信的表现。人是具有奴性的，是需要被要求、被规范、被引导、被约束的，单纯的人治是缺失的，而且只适用于小的团队。

“平衡意识”是一个人成熟的标志之一，同样适用于管理者，在管理办法上，平衡意识是管理的一种境界。

领导闲置，员工是否真忙碌

很多领导认为安排下属工作即可，有团队在工作，自己不需要思考，自己不用学习。

关于领导，首先需要付出，在付出中产生责任，没有付出的领导不是好领导，也不可能带出优秀的团队！

有一个学员，自己的团队由过去的 100 人最后减少到 40 人，团队业绩在下滑。我和他聊天，发现他自己每天不思考、不学习、不努力。一小时的谈话过程中，他 90% 的时间表现出的是不想改进、不培养人、不提拔人，让员工自发学习，而自己则每天闲着，甚至不到公司。

为什么管理者出众才能服众

人们向来喜欢问：你是谁？你代表了谁？你代表的什么？你的能力是什么？你的实力是什么？你凭什么来约束我？你凭什么来管理我？你凭什么来领导我？……

人们都会问一个“为什么”，为了给别人一个“为什么”，我们需要拥有自己的实力。

一个人一定要有属于自己的实力，这其中包括做人的实力、工作的专业程度、人格魅力等。一个出类拔萃的人，在人群当中一眼便能被看见，他能够收获属于自己的粉丝，聚集众多跟随者。在这过程当中，别人是崇拜的、佩服的，就像追星一样，是因为那个明星有他的闪光之处、出众之处，所以我们跟随明星。那么在企业当中，我们备受关注、备受追随的又是什么？我们凭什么服众？

管理层为何也要有人监督

永杰汽车的 HR 问我：艳桦老师，管理层接到了工作计划，正常去执行，无论是否完成，都应该正常反馈才对，为何这些主管们不能主动反馈，还要一个 HR 部门或者监察部门在后面跟着监督提醒呢?

这个问题很多企业都存在。例如：工作计划完成情况，需要总经理秘书进行收集、统计、向上汇报。对于特殊工作，需要专人分管并进行跟踪，询问完成情况。

“工作任务”这件事情，本身就是“责任”。人们面对责任，往往会抗拒责任，逃避责任，甚至因为“责任”而远离，这是人们的内心状态。但是，面对常规的“责任”问题，人们也变得被动，需要有人去督促，所以很多企业需要有单独的部门或者个人负责跟踪。

“负责任”是需要养成的习惯、个人精神品质，更是团队文化打造过程中的一项重要内容。负责任是一种承诺，因此企业在安排工作之时，需要与员工达成承诺。有承诺才有结果，才可能负责任。

智慧员工是什么样的

如何做一个智慧的人，在这里面，“智慧”是一个合成词，没有办法用一句话阐述它，但是可以用不智慧的举例，使人们可以更形象地体会如何做智慧员工。

第一，不智慧就是不汇报工作。汇报工作等于沟通。很多人说：今天太烦了，太累了，我还要把今天做的工作说一遍、写一遍！领导觉得那是一种要求，但这真的跟要求没有什么关系。因为领导的内心深处是特别希望给了员工钱，就想知道员工干了什么，这是领导的心态问题，这是领导内心深处真正需要的。如果员工明明知道这是领导的需要，却不去做，员工就不智慧的。而且汇报工作是员工与领导之间减少摩擦，减少矛盾冲突，让领导了解自己的最重要的一种方式，如果员工屏蔽了让对方了解自己的方式，那员工与领导之间，等于是个小黑洞，等于员工没有进入那个互动空间，所以员工要有意识地打开自己的这扇窗，把自己照亮，让领导看得到自己，关注到自己的优点和劣势。员工一旦把自己关起来、把自己屏蔽了，领导看不到员工，领导就不会用该员工了。所以，汇报工作是员工与领导产生关系链接的很重要的一点，智慧的员工一定是汇报工作的。

第二，不智慧就是对抗。不智慧的一种方式就是对抗，对抗可能会和一些抱怨相挂钩，很多员工会发现在一个环境里面抱怨，基本上就会“小八卦”。是的，员工可以有很多的方式发泄情绪，但是员工去对抗、抱怨，对自己在这家公司的成长和工作有没有好处呢？这叫“好处论”，如果员工所做的事情并不能给工作本身以支持、帮助，取得好的结果，那么员工的这个动作就没用！它并不能够帮助自己，这就是不智慧的。如果抱怨无用、对抗无用，反而是给自己的形象做减法，给自己的工作效率做减法，那为什么还要抱怨？员工抱怨了之后，真的认为同事会给你加分吗？真的认为同事会跟自己站在一条线上去理解吗？答案是否定的，所以说智慧的员工一定不会对抗。

如何把我们的员工从疲惫中唤醒

很多员工说，“我累了，我需要调整一段时间。”

你为何会心累？是什么干扰了你？累的背后是什么？

第一是情绪。因为事情产生的情感关系、标准、看法、感受，让自己交集在情感中，心累是因为事情而产生的关系的累。

第二是困难。困难分成真困难和假困难。真的困难是在自己能力范围外的。假困难是自己想办法突破、挑战就可以克服的。

部门的员工都很疲惫，业绩没有一个大的突破。怎么激励才更有效果呢?

首先，确立目标，并不断地去激励员工。目标管理，首先制订一下部门的总目标，然后召集所有人员开会，根据总目标，讨论实施方案，并分解到每个员工，同时对过程进行监控，让他们每天都要将当天的工作情况进行汇总，另外推出绩效考核制度或激励机制，充分调动大家的积极性。

工作的新鲜感一过，又没有新的目标，工作状态陷入疲软期是很正常的事情。既然求助网友说公司的福利和薪酬都还不错，就避免了从物质方面去改善的可能，那就从制度和心理需求上去改善。

其次，适当地搞一些活动，如青年歌手大奖赛、技能比赛，等等。可以全公司参与，也可以部门自己举行，在玩乐的过程中不仅增加团队的凝聚力还增强了团队信任度。

最后，多找你的手下谈谈心，关心一下你的手下，多谈些家庭生活方面的事，工作上的事点到为止，了解一下他们的生活情况，并适当给予帮助，调整一下他们的心态。谈话记录做好备档，从中找出原因，对症下药。你理解了员工，员工才会理解你，理解企业。人都是会知恩图报的。

调动员工的积极性，让他们能自我激励，这就是管理者应做的。

为什么你的努力没有结果

为什么你的努力无效?

你是真的在努力吗?

你的努力是伪努力吗?

为什么你明明每天都累死累活，还是得不到上司的赞许?

因为你的努力，都是低质量的努力，甚至是伪努力。

伪努力的现象（见下图）：

第一，看起来很努力；

第二，自我感到很努力；

第三，不问结果的努力；

第四，机械的努力。

无效努力	无目标、无方向、方向不对
伪努力	完成任务了吗？
低质量努力	每一个任务完成的足 100 分吗？
机械努力	认真了吗？用心了吗？
	延时了吗？

伪努力

我有一个 46 岁的客户，在一次访谈中，他说过去 23 年的事业生涯中，他更换了 6 ～ 7 次行业，每一次基本都是做 2 ～ 3 年，长的做了 4 年，每一次因为需要而选择，因为困难而放弃。他问我："艳桦老师，能帮我介绍一份工作吗？做什么都行！"

上面提到的这个人没有目标、没有定位，导致"努力"成为短努力，结果为无效努力，也因为没有目标和定位，导致人生没有结果。每一次的创业也没有拿到 100 分的收获，甚至都是负债。因为"需要"做的选择，因此每一次也不能 100% 的投入。

如果你用了时间，没有达到结果，要么是你的方向不对，要么就是你的用心程度不够。

工作中，你真的努力了吗？加班了吗？人生的方向选对了吗？

你还抱怨吗

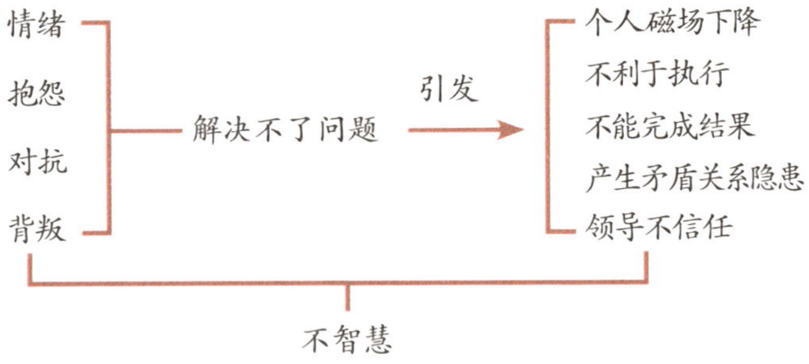

抱怨无用

究竟如何解决“抱怨”的问题，如上图所示，抱怨无法解决工作本身存在的问题，仅仅是发泄情绪，并无法促进人与人之间的关系。抱怨领导，本身就是一种“不智慧”的做法，抱怨会让你走向负能量。面对抱怨的这些结果，你还抱怨吗？

负能量与正能量之间是一种选择！你如何选择呢？

附录

艳桦问答

艳桦对你说的36句话

附录二

艳桦对你说的 36 句话

1. 管理中，如果不缺办法，那么缺的一定是对的管理方式，请参考《用对你的爱》《用对你的管理方式》。

2. 如果管理制度已经很健全，仍然会出现问题，一定是“用心”程度不够。如果钱给到位了，企业管理中留给我们的就是“心”和“情”的事情。

3. 朋友需要同频，夫妻需要同频，企业领导和员工更需要同频，不同频怎么共振？所以，管理的核心脉络必须解决这个问题。

4. 企业的管理与情感管理、格局管理 + 术（制度、流程、标准化）的管理是密不可分的，如果今天你的企业正在发生问题，那么在这个平衡点上找问题，一定可以找到。从某种意义上讲，它是所有问题的制高点。

5. 如果在“互动关系”中忽略了“认可”这件事，估计所有的合作互动都不会太完美。

6. 管理中你需要围绕“双方站在不同的位置”这个核心思想去理解和解决问题。双方“都在要”，什么硬性制度都不管用。

7. 纵然你的能力再超强，自我认知能力也永远都是首位的。无法认识自己的人，就不能看清其他人和事物。

8.“靠谱”的自己最值钱。道理说起来容易，做起来难，有本事就说到做到。企业需要靠谱的人。

9. 一个人是否成熟，除了看他释放情绪的标志之外，就是看他是否具有看待事情的平衡价值观和处理事情的共赢思想。偏离了主流价值观，缺失了共赢的人，怎能合作?

10. 真正的情商不是你拥有很“巧妙”的口才，也不是你“功利性”地拿下客户，而是发自内心地爱员工、爱领导、爱客户，从而获得别人好的感受。客户关系处理得好，家庭关系处理得不好，不是真正的高情商。自己与周围的人都相处融洽，才是真正的高情商。

11. 管理中，无论是老板、领导，还是下属，实际上都在学习的路上，只是谁懂得更多些、理解得更透彻些、技能掌握得更好些，但无论怎样，大家都存在不同程度的不足，我们都需要相互理解、包容。重要的是，要给予对方支持。不能给予支持，一味地批判，是无法创造价值的。

12. 组织管理中，无论是老板，还是领导，是否可以做别人的“托儿”？如果我们的意识和事实都能做到“托儿”，也就意味着我们真正的成熟了，我们能支持别人，服务于别人，满足于别人。组织建设中需要更多的“托起”。

13. 人力资源管理中的核心属性就是激励管理、动力管理，你无法让你身边的人因你的存在而更具有激情和动力，就是你的失败。

14. 你无法激励你的员工，你无法激励自己，是因为你的能量不足。无法激励自己的人，用任何外力去激励别人都是不成功的。

15. 针对加班这样的事情，只关注审批程序，不解决员工的心声，就是典型的治标不治本。

16. 企业成长和员工成长的速度是1:1，企业与员工才能达到同频。任何一方忽略了自己的成长，都会导致被遗漏。

17. 一个人强烈的成长意愿和正在快速成长的事实，都会给周围的环境和人带来巨大的能量。如果你想激发你的团队或者你身边的人，就要让他 / 她深切体会到你的成长。

18. 员工从来不会因为你“真爱”的严格而离开你。

19. 领导个人的成长带来真正的力量感。

20. 人们不是天生会做老板，也不是天生会做领导，要给彼此一次相遇、相知和陪伴的机会。

21. 人人都有利己的想法，人人都有一个“小我”，如何看到、感受到、察觉到对方的那个“小我”，这是管理中的一切出发点。忘记小我、忽略小我的管理都是不完整的。

22. 企业家有小我、管理层有小我、员工有小我，不能管理小我的，就不能关注小我、建设小我。个人无法释放真正的能量，管理层无法做好榜样，企业无法真正的基业长青。

23. 员工不说，领导也要问，这是领导的职责，也是领导的义务，更是领导的能力。

24. 人们都愿意按照自己的意愿去打造企业文化，但很少关注企业缺少的东西。其实恰恰是企业的短板，才形成了重要的企业文化。

25. 领导，如果你不是员工的榜样，你的管理结果一定不会好到哪里去。

26. 管理者的终极水平，就是你带出什么样的人、干出什么样的事儿，人们往往以结果论英雄。通常而言，管理者所带出的人的样子就是自己的样子，有时这面镜子很有意思，也很可怕。

27. 职场达人，你必须专注，总不能做一个一瓶子不满、半瓶子咣当的人吧！

28. 领导，你必须具有知道员工身上短板的能力，并清楚地告诉他，你才能真正地帮助他，他也才可能为公司创造你想要的价值。

29. 你可以没有任何能力，但是你不能没有爱的能力。爱的能力是人生存的能力、生命的能力，爱别人，才能付出、贡献，才能给别人支持。管理中爱的能力是管理机制的润滑剂。

30. 不站在员工对立面思考问题，是领导的本事。

31. 管理者自己都不自信，是没有办法真正管理员工、支持员工的。

32. 管理者自己不够专业，同样会被员工看不起，所以纵然你再借用外力，也无法打造你想要的凝聚力。这里讲的专业，包括对业务的专业，更包括对做人这件事情的专业。

33. 所谓的管理升级：初级管理者——琢磨如何用表格、设计测试工具、以工具带人；中级管理者——研究专业或以情带人；高级管理者——专业度强、相对平衡法治和人治管理。所谓的升级，最终也必将走到“心”的升级。

34. 管理中都知道的道理，人们不愿意听，但是管理者必须思考这个问题：员工为何做不到？先从自己做起，做个说到做到的人，便是企业家的最好素质和执行力。

35. “反馈”给别人是天经地义的事情，不要视为监督，这是建立良好关系的基本内容。

36. 团队建设中，无论是凝聚力，还是心态，都是基于正能量的建设，需要每个人的正能量。

·各界明星专家联袂推荐·

《用对你的管理方式》，拥抱未来，每一天都值得期待。《用对你的爱》，绽放精彩，每一个梦想都春暖花开！

——文化部中央文化管理干部学院社会教育部副主任 曾陆红

正值转型期的中国企业，需要的是企业家和企业家精神，而非汲汲于食利的资本家。企业在发展过程中起核心作用的不是项目，而是科学的管理，艳桦这本书的价值正是教会企业家在经营企业时如何用心去制定正确的管理模式。保持一个清醒的头脑，做好自己，迈好人生每一步！站上人生成功奖台的，永远是“长跑健将”，绝非“短跑高手”！

——文化部中国传统文化专家、人民日报民生研究院特聘研究员、著名影视剧作家 戴有山

涉及管理的书籍有很多，而艳桦这本“最感性的企业人力资源管理的书籍”能够同时推荐给企业家、职场高管进行品读，恰恰表现出管理的核心思想——管理要同频。

——中国人生科学学会美育研究会常务副会长、中国美育网执行主编 崔彦海

这是一本具有别样味道、用心、用情的企业人力资源管理书籍，用心不易，用情更不易。这本书包含丰富的经历与人生经验，及诸多的企业案例、问题……值得品阅。

——中国作家协会会员、中国作家协会全国委员会委员、北京市青联委员 徐坤

你必须用不一般的要求来要求自己，才能胜任不一般的岗位，产生不一般的成绩。在《用对你的管理方式》一书中，艳桦的理念涵盖了企业家对自己不一般的要求，高管对自己不一般的要求，小伙伴对自己不一般的要求。只有对自己高度负责，才能对别人负责。书中自有黄金屋，内有机关，大家在里面细细寻找吧……

——中央人民广播电台主任播音员、著名播音主持艺术家 张文星

与艳桦聊天，艳桦的思想与时俱进，在企业管理建设中也具有颠覆性，最为重要的是能够落地。这本书值得大家深度研读。

——中国文化管理协会演艺工作委员会常务副会长 侯强

和艳桦认识很久了，艳桦在日常生活中很真实、很朴实、很简单，做事情很踏实，她的很多想法很先进，做法也给人安全感，这本书正是她风格的体现，值得各界阅读和推广。

——中国文化管理协会、中华儿童文化促进会 秘书长 崔云争

“不同频的管理 = 0，夫妻同频，朋友同频，管理中也要同频”这本书是击中管理要害的点睛之笔。

——前沿讲座创始人 李洪亮

《用对你的管理方式》《用对你的爱》，艳桦的作品很务实、通透、简单直接，这是一种作品风格呈现，也渗透了一种做事风格，值得大家去品味。

——中国美术家协会会员、三江美院院长 金红炜

如果一个人做事情能既具有章法、艺术性、情怀，又能落地，是件不容易的事情。专业不应该是枯燥的，而是具有艺术感、具有生命力、具有灵魂……

——著名相声演员　陈寒柏

我们相声里讲究说、学、逗、唱样样精通以博观众一笑。人力资源管理也是一个“多维度”的学科，《用对你的管理方式》这本书能够充分运用“多维度”学科来呈现，这是“人”本身成熟的体现，也是“事”成熟的体现。艳桦是一个成熟的人，这里可以遇见……

——著名相声演员　刘伟

这本书蕴含了人力资源管理、哲学思想、营销学、人际关系、企业管理、国学理念……一个作品需要系统思维和美感。大赞，推荐给全国朋友。

——著名画家、作家、中国美协理事，中国画马艺术研究会会长　易洪斌

如果你的存在不能激励、激发、激活他人 / 团队 / 组织，你所做的一切就毫无意义。人需要“活”，环境需要“活”，作品需要“活”，工作需要“活”，“活”是具有灵魂和思想的基础，唯有“活”，才能出彩。

——著名评论家、作家、书法家、中国作家书画院常务副院长兼秘书长　张瑞田

刘伟老师推荐　　张文星老师推荐